개정판

쉽게 배우는
기초중국어

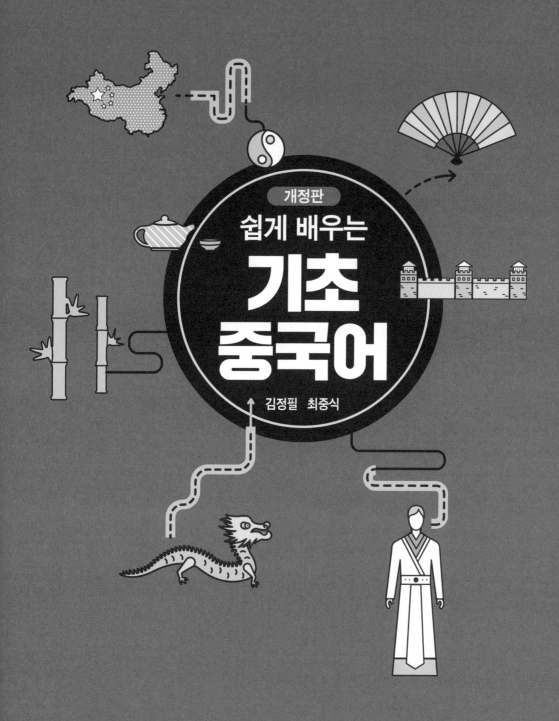

개정판

쉽게 배우는
기초
중국어

김정필 최중식

역락

우선 여러분들의 중국어 입문을 축하드립니다. 중국은 한국과 수교이후 지금까지 정치, 문화, 경제, 사회 등 각 분야에서 활발한 교류가 이루어지고 있으며, 특히 세계경제 대국으로 급성장 하고 있습니다. 이러한 추세에 따라 중국어를 할 수 있는 사람들에 대한 수요는 광범위하게 증가하고 있어 남녀노소를 가리지 않고 중국어 학습 열풍이 불고 있습니다.

외국어를 마스터한다는 것은 많은 시간과 연습이 필요합니다. 그리고 체계적이고 과학적으로 검증된 학습시스템이 필요합니다. 따라서 이러한 학습시스템을 구축하는데 가장 중요한 것이 바로 교재라고 할 수 있습니다. 우리는 이제 무턱대고 따라하며 학습하던 시대를 뒤로 하고, 처음 중국어를 입문하는 사람도 스스로 공부할 수 있는 그런 교재로 공부해야 합니다. 본 교재는 처음 중국어를 배우시는 분을 위해 비교적 쉽고 간결하게 하였으며, 본문과 관련된 어법 및 핵심설명을 수록하여 독학뿐만 아니라 강의교재로 활용할 수 있도록 하였습니다. 따라서 본문의 내용 또한 어법적 단계별로 상황을 정리하였으며, 실용회화를 위주로 하였습니다. 그리고 어휘는 상용어휘 중심으로 편재하였으며 각 단원 본문에서 중요한 핵심어법설명을 주석으로 처리하여 독자들이 쉽게 이해할 수 있도록 하였습니다. 아울러 각 단원을 학습한 후 연습문제를 통하여 복습 및 응용연습이 가능하도록 하였습니다.

외국어를 배우는데 있어서 지속적이고 반복적인 학습이 무엇보다 중요합니다. 여러분들의 성실하고 끈기 있는 노력으로 부디 좋은 결실 있기를 기원하며, 본 교재를 사용하시는 여러 선생님들과 독자 여러분들의 아낌없는 질책과 고견 부탁드립니다. 감사합니다.

2021년 8월 1일
김정필·최중식 드림

Contents

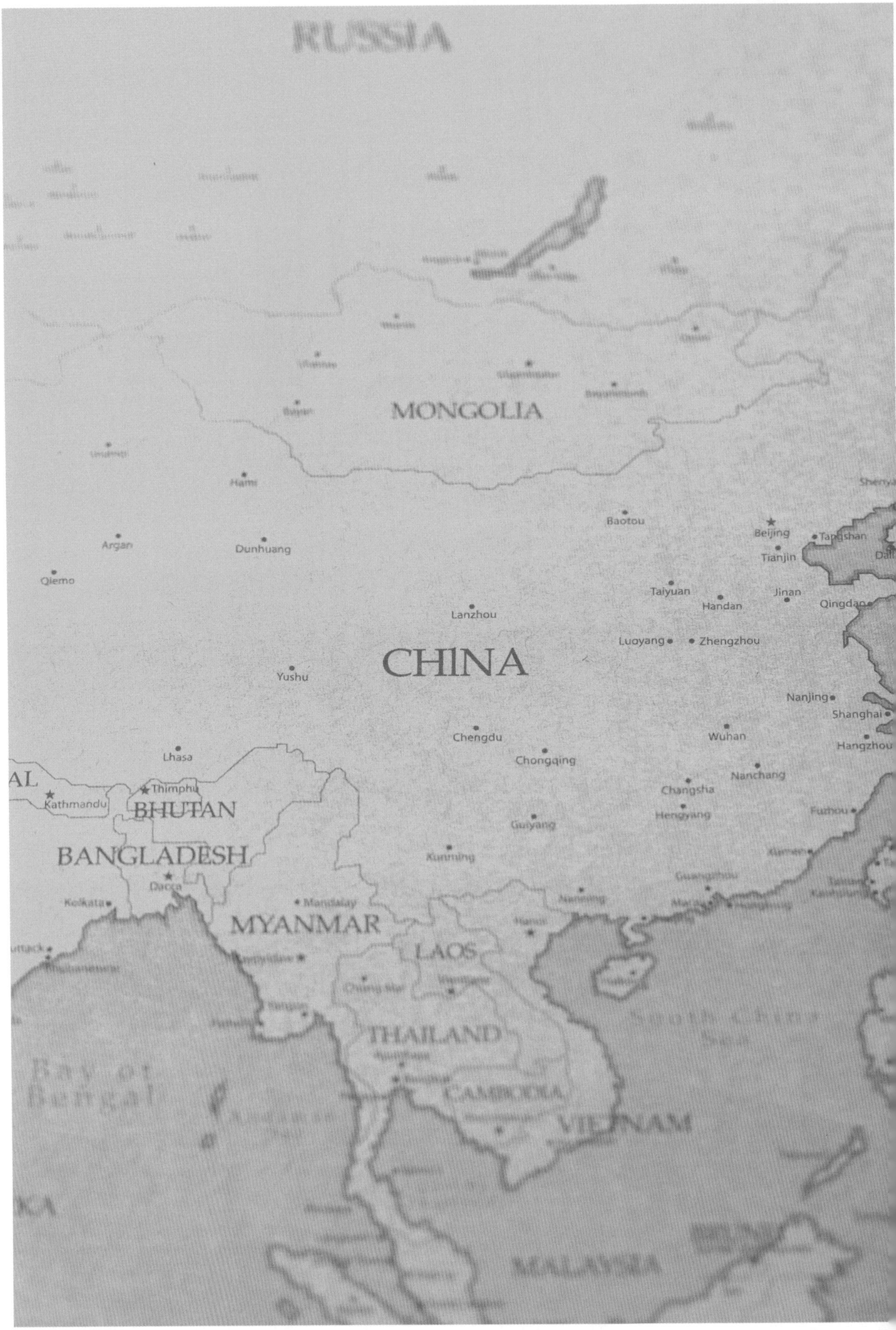
RUSSIA
MONGOLIA
Hami
Baotou
Beijing
Tangshan
Tianjin
Argan
Dunhuang
Qiemo
Taiyuan
Handan
Jinan
Qingdao
Lanzhou
Luoyang
Zhengzhou
CHINA
Yushu
Nanjing
Shanghai
Chengdu
Wuhan
Hangzhou
Lhasa
Chongqing
Nanchang
Changsha
Hengyang
Fuzhou
Guiyang
Kunming
Thimphu
Kathmandu
BHUTAN
BANGLADESH
Dacca
Kolkata
Mandalay
MYANMAR
LAOS
THAILAND
CAMBODIA
VIETNAM
MALAYSIA
Bay of Bengal

학습목표

중국어란?

1. 한어병음(汉语拼音)

한어병음이란 중국 대륙에서 한자의 발음을 표기하기 위해 공식적으로 채택하고 있는 라틴 자모를 말한다. 이는 1958년 「한어병음방안(汉语拼音方案)」에 따라 한자음을 표기하는 부호 즉, 표음부호로 공식 제정되었으며, 일반적으로 '병음'이라 약칭한다. 병음은 영어 알파벳 26자 중 「v」자를 제외한 25자와 변모음 「ü」로 구성된다.

2. 간체자(简体字)

중국 한자는 우리가 쓰고 있는 한자와 조금 다르다. 우리가 쓰는 한자는 정자(正字)인 번체자(繁体字)이고, 중국에서 쓰고 있는 한자는 번체자를 간소화시킨 간체자(简体字)이다. 한자를 간소화하기 위하여 중국은 56년 '한자간화방안(汉字简化方案)'을 공포하였으며, 그 후 세 차례의 추가보충을 거쳐 64년 간행된 '간화자총표(简化字总表)'에는 약 2,400자의 간화문자가 수록되어 있다.

그 방법은 (1) 고대의 간단한 문자를 쓴다(從 → 丛), (2) 송·원대 이래의 민간 속자(俗字)를 활용한다(戰 → 战). (3) 새로운 회의문자(會意文字)를 만든다(隊 → 队), (4) 새로운 형성문자(形聲文字)를 만든다(溝 → 沟), (5) 초서체를 취한다(東 → 东), (6) 변(邊)이나 방(傍)을 간소화한다(絲 → 丝)는 것 등이다.

3. 보통화(普通话)

중국의 약 13억 인구는 56개의 민족으로 이루어져 있다. 이 중 92%가 한족(漢族)이고, 나머지 6%는 소수 민족이다. 우리가 흔히 알고 있는 중국 인구의 절대적 다수를 차지하는 한족이 쓰는 언어를 가리킨다. 중국어는 지방마다 방언의 차가 너무 심해, 상하이어나 광동어 등은 외국어처럼 소통이 안 될 정도이다.

이러한 문제를 해결하기 위해서 1942년 중화인민공화국 성립 이후, "북방 방언을 기초로, 베이징어의 발음을 기준으로, 현대 우수한 문화작품의 중국어 문법을 표본으로 한" 표준어를 제정하였는데, 이것을 '보통화(普通话)'라고 한다.

4. 중국어 방언

중국은 국토가 넓어 방언들이 다양한데 크게 아래의 5가지 방언으로 나뉠 수 있다.
- **관화방언(官話方言)**: 화북, 화중, 서남지방에서 사용되는 방언으로 전인구의 70%가 사용하며 북방관화, 서북관화, 서남관화, 하강관화로 하위분류 되며 당말, 북송때부터 한족의 공통어로서의 지위를 얻었고 주요특징은 권설음과 얼화의 발달임
- **오방언(吳方言)**: 절강성 대부분과 강소성의 진강 동쪽의 양자강 연안지역으로 사용인구는 4,600만명이고 4세기 동진이 남쪽으로 온 이래 발달되었고 현재 상해의 발전으로 지위가 상당히 제고 되었음.
- **월방언(粤方言)**: 광동성 중부, 서남부와 광서성의 동남부, 홍콩, 광주시에서 사용되며 그 사용인구는 2,700만명 정도이며 성조는 9종임, 흔히 보통화 즉 북경어와 대비하여 광동어라고 함.
- **객가방언(客家方言)**: 객가란 한족의 일부가 남쪽으로 이동하여 생긴 방언으로 광동, 복건, 강서, 사천등 각성과 대만, 동남아시아 화교중에도 이 방언을 사용하여 사용인구 는 2천만정도이고 광동성 동북부 매현(梅縣)방언이 표준임
- **민방언(閩方言)**: 절강성 남부, 복건, 광동성 동부, 해남도 동반부, 대만의 동남 연안지역이며 3,500만 인구가 사용하여 민남어로 대표되는 하문(廈門)방언과 복주(福州)방언으로 나누는데 민남어는 대만에서 주로 쓰는 방언임.

중국어 발음

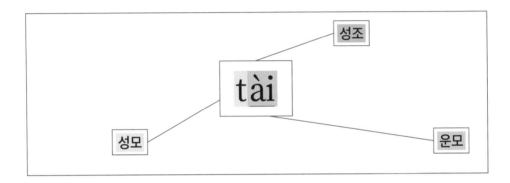

1. 성조(声调)

중국어는 음절 하나하나마다 올리고 내리는 높낮이의 변화가 있다. 이 높낮이(tone)의 변화를 성조(声调)라고 한다. 성조에는 네 가지 종류가 있는데, 이 네 가지 성조가 다르면 뜻이 완전히 달라진다.

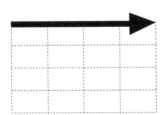

1성 - 높은 음에서 시작하여 똑같은 높이로 조금 길게 발음하며 "——"로 표시한다.

2성 - 중간음에서 시작하여 높은 음으로 올려 발음하며, " / " 로 표시한다.

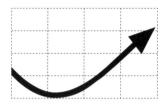

3성 - 조금 낮은 음에서 낮은 음으로 내렸다가 다시 조금 높은 음을 향하여 길게 발음하며, "∨" 로 표시한다.

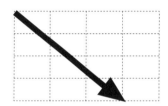

4성 - 높은 음에서 시작하여 낮은 음으로 급하게 내리며 짧게 발음하고, "∖" 로 표시한다.

2. 운모(韵母)

운모는 발음기관의 사용 방법과 형태에 따라서 단운모(单韵母), 복운모(复韵母), 비운모(鼻韵母), 권설운모(卷舌韵母)로 구분된다.

■ 단운모(単韵母)

a	o	e	i	u	ü

▶「i , u, ü」가 단독으로 쓰일 경우, 각각「yi, wu, yu」로 표기한다.

■ 복운모 (复韵母)

ai	ei	ao	ou

■ 비운모 (鼻韵母)

an	en	ang	eng	ong

■ 권설운모 (卷舌韵母)

er

😮 **발음연습** ●●●

① ē é ě è   ēi éi ěi èi
② āi ái ǎi ài   āo áo ǎo ào
③ ēn én ěn èn   ēng éng ěng èng
④ wū wú wǔ wù   yū yú yǔ yù

---

3. 성모(声母)

■ 성모구성표

b	p	m	f
d	t	n	l
g	k	h	
j	q	x	
zh(i)	ch(i)	sh(i)	ri(i)
z(i)	c(i)	s(i)	

■ 성모유형 및 발음방법

중국어 성모는 주된 발음기관의 이름을 따서 쌍순음(雙脣音), 순치음(脣齒音), 설첨중음(舌尖中音), 설근음(舌根音), 설면음(舌面音), 설첨후음(舌尖後音), 설첨전음(舌尖前音)으로 구분한다.

발음유형	성모	발음방법
쌍순음 (雙脣音)	b, p, m	양 입술을 다물었다 떼면서 소리를 낸다.
순치음 (脣齒音)	f	윗니를 아랫 입술 안쪽에 살짝 대면서 소리를 낸다.
설첨중음 (舌尖中音)	d, t, n, l	아래턱에 힘을 주고 혀끝을 윗잇몸에 붙였다 떼면서 소리를 낸다.
설근음 (舌根音)	g, k, h	혀뿌리를 밀어올려 혀 안쪽이 입천장과 강하게 마찰되어 소리를 낸다.
설면음 (舌面音)	j, q, x	혓바닥을 위로 올려 입천장 부근에서 공기를 마찰시켜 소리를 낸다.
설첨후음 (舌尖后音)	zh, ch, sh, r	혀끝이 뒤쪽으로 밀리면서 나는 소리로, 혀끝이 말려 올라간다고 하여 '권설음(卷舌音)'이라고도 부른다.
설첨전음 (舌尖前音)	z, c, s	혀끝을 윗니 부근에 가볍게 대고 살짝 떼며 공기를 마찰시켜 소리를 낸다. '설치음(舌齒音)'이라고도 부른다.

😮 발음연습 ●●●

① bā	pā	bāi	pāi		pān	fān	pāng	fāng
② māo	mén	nǎo	nèi		dāng	déng	tǒng	tàng
③ nāng	lóng	lěng	nòng		gān	káng	kěn	gèng
④ gēn	hén	gǒng	hèng		kōng	hóng	kǎn	hàn
⑤ jī	zí	jǔ	zù		zhā	chá	shǎ	shàn
⑥ zū	cú	sǔ	rù		zhān	chán	shěn	zhèn
⑦ qī	cí	qǔ	cù		xī	shí	xǔ	shù
⑧ zī	zhí	cǐ	chì		cī	chí	sǐ	shì

4. 결합운모(結合韻母)

결합운모란 운모 두 개가 결합하여 이루어진 운모인데 운모 앞에「i」,「u」,「ü」가 덧붙여져 이중운모의 소리를 내는 것을 말한다. 결합운모는 앞 음절을 짧고 가볍게, 뒷음절은 길게 발음한다.

■「i」와 다른 운모와의 결합

ia(ya)	ie(ye)	iao(yao)	iou(you)	ian(yan)
in(yin)	iang(yang)	ing(ying)	iong(yong)	

▶ 성모가 없는 음절이「i」로 시작되는 경우에는 앞에「y」를 붙이거나,「i」를「y」로 바꿔 표기한다.

▶「iou」가 성모와 결합할 경우,「o」를 빼고「iu」로 표기한다. 예를 들면 다음과 같다.

　예:　d + iou = diu

😮 발음연습　●●●

① yā　yē　yāo　yōu　　yān　yīn　yīng　yōng
② jiā　jié　jiǎo　jiàn　　qiā　qié　qiǎo　qiàn
③ xiē　xiá　xiǎo　xiàn　　jiū　qiú　xiǎng　xìn
④ jīng　qíng　xǐng　qiàng　　xīn　xióng　qǐng　jìn

■「u」와 다른 운모와의 결합

ua(wa)	uo(wo)	uai(wai)	uei(wei, ui)
uan(wan)	uen(wen,un)	uang(wang)	ueng(weng)

▶ 성모가 없는 음절이「u」로 시작되는 경우에는「u」를「w」로 바꿔 표기한다.

▶「uei」가 성모와 결합할 경우,「e」를 빼고「ui」로 표기한다.

예: d + uei = dui

▶ 「uen」이 성모와 결합할 경우, 「e」를 빼고 「un」으로 표기한다.

예: d + uen = dun

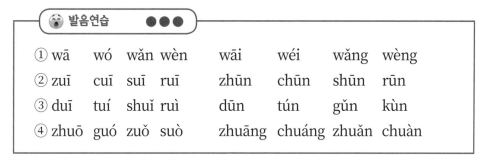

■ 「ü」와 다른 운모와의 결합

ü	üe(yue)	üan(yuan)	ün(yun)

▶ 「ü」로 시작하는 운모가 단독으로 쓰일 경우, 앞에 「y」를 붙이고, 「ü」위의 두 점을 생략한다.

■ 「ü」 표기시 주의할 발음

	ü	üe	üan	ün
j	ju	jue	juan	jun
q	qu	que	quan	qun
x	xu	xue	xuan	xun

▶ 「j, q, x」가 「ü」로 시작하는 운모와 결합할 경우는 「ü」 위의 두 점을 생략한다.

① jū   qú   lǚ   nǚ   xū   xúe   xuě   xuè

② juān   quán   xuǎn   xuàn   juē   qué   juè   què

③ jūn   qún   xún   xùn   zhūn   zhǔn   jūn   jùn

④ chuān   quán   chūn   qún   suān   suàn   xuǎn   xuàn

6. 경성

중국어의 성조에는 4성 외에 경성(轻声)이 있다.

경성은 다른 성조보다 짧고 가볍게 발음하며, 성조 부호는 붙이지 않는다.

① māma   bàba   mèimei

② wǒmen   nǐmen   tāmen

③ zhège   nàge   nǎge

7. 성조의 표기규칙

① 성조는 모음에 표기한다.

    bà   pō   mó   gē

② 모음이 2개 이상일 경우 a>o, e>i, u, ü의 순서대로 표기한다. i, u 혹은 u, i만 있으면 뒤에 위치한 모음에 표기해 주면 된다. (e와 o가 동시에 나오는 경우는 없다.)

    gǎo   yǒu   huì   jǐu

③ 경성일 때는 성조를 표기하지 않는다.

　　tāde　dìdi　dàde　yǐzi

④ i에 성조를 표기할 때는 i위의 점은 생략한다.

　　bǐjiào　shēngqì　jīntiān　zháojí

8. 성조 변화

■ 3성의 성조 변화

　3성 뒤에 3성이 오는 경우, 앞의 3성은 2성으로 발음한다.

▶ 제3성 + 제3성 → 제2성 + 제3성

zhǎnlǎn	yǒngyuǎn	wǎndiǎn	lǐxiǎng
hǎishuǐ	fǔdǎo	xiǎngfǎ	xiǎoshǒu
yǔshuǐ	shǒubiǎo	lǐngdǎo	qǐdǎo

반3성

　3성 뒤에 1,2,4성 및 경성이 오는 경우, 3성은 전반부의 하강부분만을 발음하게 되는데, 이를 반3성(半三声)이라 한다. 단, 성조 표기는 그대로 한다.

▶ 제3성+제1성 → 반3성+제1성

| shǒuxiān | qǐfēi | kǎoyā | huǒchē |
| hǎnshēng | jǐtiān | gǎnchē | xiǎomiāo |

▶ 제3성+제2성 → 반3성+제2성

| huǒchái | jiějué | lǚxíng | qǐchuáng |
| yǒumíng | zǔguó | kǒucái | mǎpéng |

▶ 제3성+제4성 → 반3성+제4성

| hǎochù | shǒutào | biǎotài | fǎlǜ |
| kěwàng | dǎoxià | fǎngwèn | kǎoshì |

▶ 제3성+경성 → 반3성+경성

| nǎinai | nǐne | nuǎnhuo | dǎsuan |
| mǎimai | māma | zěnme | běnzi |

■ 「不」의 성조 변화

「不」는 원래 4성이지만, 4성 앞에서는 2성으로 발음한다.

▶ bù +4성 → bú +4성

　búlà 不辣　　búbèi 不背　　búshì 不是　　búkàn 不看

■ 「一」의 성조 변화

「一」의 원래 성조는 1성이지만, 뒤에 1성, 2성, 3성이 오는 경우에는 4성으로 발음한다.

▶ yī +1성 → yì +1성
　yī +2성 → yì +2성
　yī +3성 → yì +3성
　yìzhí 一直　yìshēng 一生　yìqǐ 一起　yìtiān 一天

뒤에 4성 또는 4성에서 변한 경성이 오는 경우에는 2성으로 발음한다.

▶ yī +4성 → yí +4성
　yìxīnyíyì 一心一意　yídàyìxiǎo 一大一小

9. 儿(er)화운(儿化韵)

　　음절 끝에 儿(er)이 붙이는 '儿化'라고 합니다. 중국의 북방지역 사람들이 습관적으로 많이 사용하는 발음입니다. 어떤 음절 뒤에 붙느냐에 따라 발음도 표기 방식도 달라진다. (종결어 방식 통일)

	음절	儿化	발음
1	-a, -e	-ar, -er	huàr, gēr(음의 변화 없음)
2	-ai, -ei	-air, -eir	xiǎoháir, wèir(i음 탈락)
3	-an, -en	-anr, -enr	yìdiǎnr, ménr(n음 탈락)
4	-un(wen)	-unr	bīnggùnr(n음 탈락, e음 첨가)
5	-ui(wei)	-uir	yíhuìr(i음 탈락, e음 첨가)
6	권설음(zh,ch,sh,r)+i		guǒzhīr(e음 첨가)
7	설치음(z,c,s)+i		zìr(e음 첨가)
8	-ong, ing	-ong,-ingr	yǒukòngr, diànyǐngr(비음화)

일러두기

1. 품사 약어표

각과에 나오는 단어의 품사를 1991년 한국중국어학회 제3차 정기총회에서 제정된 "중국어 학교문법 용어 통일안"를 참조하여 아래 표와 같이 약어로 표시하였다.

품사명	약자	품사명	약자	품사명	약자
명사	명	형용사	형	어기조사	조
동사	동	조동사 (능원동사)	조동	동태조사	조
부사	부	접속사	연	구조조사	조
수사	수	인칭대사	대		
양사	양	의문대사	대		
전치사 (개사)	전	지시대사	대		
고유명사	고	감탄사	감		

老师, 您好!

Key Expressions
1. 你好!
2. 再见!

📖 **课文 Kèwén** _____

会话1>

老师: 你好!¹
　　　Nǐ hǎo.

小英: 老师, 您好!
　　　Lǎoshī, nín hǎo.

会话2>

小英: 谢谢!
　　　Xièxie!

老师: 不客气。
　　　Bú kèqi

1　你好! 안녕/안녕하세요!
　　일상적으로 쓰이는 안부를 묻는 인사로, 시간이나 장소, 신분에 관계없이 항상 쓰일 수 있다. 상대방
　　도 '你好'로 대답한다.

会话3>

小英: 对不起。
　　　Duì bu qǐ

老师: 没关系。
　　　Méi guānxi

会话4>

小英: 再见!
　　　Zàijiàn

老师: 再见!
　　　Zàijiàn

📖 生词 shēngcí ───────────

你 nǐ 대 너, 당신
好 hǎo 형 안녕하다, 좋다
老师 lǎoshī 명 선생님
您 nín 대 '你'의 존칭
谢谢 xièxie 동 감사합니다

不 bù 부 아니다
客气 kèqi 형 예의가 바르다
对不起 duìbuqǐ 미안합니다
没关系 méi guānxi 괜찮습니다
再见 zàijiàn 안녕히 계세요(가세요)

📖 补充生词 bǔchōngshēngcí ───────────

明天 míngtiān 명 내일
回头 huítóu 동부 고개를 돌리다, 잠시 후에
一会儿 yíhuìr 잠시 후에, 잠시동안

下午 xiàwǔ 몡 오후   晚上 wǎnshang 몡 저녁

📖 课后练习 kèhòuliànxí ────────────

01. 다음 문장을 읽어보세요.

老师好! Lǎoshī hǎo!

谢谢老师! Xièxie lǎoshī!

老师再见! Lǎoshī zàijiàn!

你早! Nǐ zǎo!

你好! Nǐ hǎo!

谢谢你! Xièxie nǐ!

02. 대체연습

A: 再见!

B: 再见!   明天／下午／晚上／一会儿／回头

03. 다음 대화를 완성해보세요.

老师: 小英，你好!   老师: 小英，再见!

小英:＿＿＿＿＿!   小英:＿＿＿＿＿!

04. 다음 병음에 해당하는 중국어를 써보고 뜻도 적어보세요.

(1) Duìbuqǐ.   → ＿＿＿＿＿＿＿＿＿＿＿

(2) Búkèqi.   → ＿＿＿＿＿＿＿＿＿＿＿

(3) méiguānxi.   → ＿＿＿＿＿＿＿＿＿＿＿

(4) xièxie.   → ＿＿＿＿＿＿＿＿＿＿＿

05. 다음 두 발음을 구분해 보세요.

(1) bó------pó

(5) má------fá

(2) pǔ------fǔ

(6) dǎ------tǎ

(3) mà------nà

(7) nǔ------lǔ

(4) dī------tī

(8) wū------yū

중국을 알자/중국의 국명

　　중국의 현재 정식 국호는 중화인민공화국(中华人民共和国/People's Republic of China)이며, 이를 줄여서 약칭으로 중국이라고 한다. 영어로 중국을 차이나(China)라고 하는데, 이는 중국을 최초로 통일한 진시황제의 진(秦)의 발음 'Chin'에 "a"를 추가하여 진국(秦国)이라는 의미로 사용되어 지금까지 이르고 있다.

　　그러나 1992년 한중 수교 이전에는 대륙을 중국공산당의 약칭인 '중공(中共)'이라 부르고 지금의 '대만(台湾)'을 '중국' 또는 '자유중국'이라 부르기도 하였다. 중국인들은 자신들이 사는 곳을 세계의 중심으로 생각하여 '中国', '中华'라는 자민족 중심논리를 펼쳐 고대에서부터 현대에 이르기까지 이런 사상이 대외 정책의 상당한 부분에 남아 있다. '중국'이라는 의미는 주권국가의 개념이 아닌, 세계의 중심이라는 관념과 문화적으로 황화문명의 발상지로서의 선진문명의 중심개념으로 사용되었다. 그리고 홍콩과 마카오는 1997년, 1999년 각각 영국과 포르투칼에서 중국으로 반환되면서 지금은 중국의 특별행정구에 속해 있다.

중국국기와 국장　　　　홍콩구기와 구장　　　　마카오 구기와 구장

02

你好吗?

Key Expressions
1. 你好吗?!
2. 我很好!

📖 **课文 Kèwén**

会话1>

小英: 你好吗?[1]
　　 Nín hǎo ma?

老师: 我很好。你呢?[2]
　　 Wǒ hěn hǎo. Nǐ ne?

小英: 我也很好。
　　 Wǒ yě hěn hǎo.

老师: 你爸爸、妈妈都好吗?
　　 Nǐ bàba、māma dōu hǎo ma?

1　您好吗?／你好吗? 잘지내십니까?(잘 지내니?)
　　자주 쓰이는 안부 인사로서, 일반적으로 이미 알고 있는 사람에게 사용한다. 상대방은 주로 "我很好"
　　로 대답한다.
2　你呢?
　　"……呢"는 앞의 화제를 이어받아, 상대방이 질문한 것과 같은 내용을 물을 때 사용한다.

小英: 谢谢，他们也都很好。[3][4]

　　　Xièxie, tāmēn yě dōu hěnhǎo.

会话2>

小英: 您最近忙吗?

　　　Nín zuìjìn máng ma?

老师: 我很忙，你呢?

　　　Wǒ hěn máng, nǐ ne?

小英: 我不忙。

　　　Wǒ bù máng.

老师: 你姐姐忙吗?

　　　Nǐ jiějie máng ma?

小英: 她也不忙。

　　　Tā yě bù máng.

3　他们也都很好。

"也"와 "都"는 주어의 뒤, 동사나 형용사의 앞에만 올 수 있다. "也"와 "都"가 동시에 쓰여 같은 동사나 형용사를 수식할 때는 "也"가 "都"의 앞에 온다.

4　인칭대명사

		단수	복수
1인칭		我wǒ	我们wǒmen
2인칭		你nǐ／您nín	你们nǐmen
3인칭	남	他tā	他们tāmen
	여	她tā	她们tāmen
	사물/동물	它tā	它们tāmen

吗 ma ⌞조⌟ 문장 끝에 쓰여 의문을 나타냄
我 wǒ ⌞대⌟ 나
很 hěn ⌞부⌟ 매우, 아주
呢 ne ⌞조⌟ 문장 끝에 쓰여 의문이나 진행의
　　　 어감 을 나타냄

也 yě ⌞부⌟ …도, 역시
爸爸 bàba ⌞명⌟ 아빠, 아버지
妈妈 māma ⌞명⌟ 엄마, 어머니
都 dōu ⌞부⌟ 모두
他们 tāmen ⌞대⌟ 그들

🔊 会话2 [生词 shēngcí]

最近 zuìjìn ⌞명⌟ 최근, 요즘
忙 máng ⌞형⌟ 바쁘다
姐姐 jiějie ⌞명⌟ 언니, 누나

不 bù ⌞부⌟ 동사, 형용사,
다른 부사의 앞에 쓰여 부정을
나타냄

🔊 补充生词 bǔchōngshēngcí

爱人 àiren ⌞명⌟ 남편 또는 아내
哥哥 gēge ⌞명⌟ 형, 오빠
渴 kě ⌞형⌟ 목마르다, 갈증나다
弟弟 dìdi ⌞명⌟ 남동생

困 kùn ⌞형⌟ 졸리다
饿 è ⌞형⌟ 배고프다
累 lèi ⌞형⌟ 피곤하다

💻 课后练习 kèhòuliànxí

01. 다음 문장을 읽어보세요.

你爱人好吗? Nǐ àiren hǎo ma?

你姐姐好吗? Nǐ jiějie hǎo ma?

你哥哥忙吗? Nǐ gēge máng ma?

你弟弟忙吗? Nǐ dìdi máng ma?

02. 대체연습

A: 您好吗?   你爸爸／你哥哥／你爱人

B: 他很好。

A: 您好吗?   你妈妈／你姐姐／你弟弟

B: 她很好。

A: 你忙吗?   饿／累／困／渴

B: 我不忙。

03. 다음 대화를 완성해보세요.

A: 你好吗?　　　　　　　　　　A: 你爸爸, 妈妈都好吗?

B: _____ , _____ ?　　B: 他们也都 _____ 。

A: 我也很好。

A: _____ ?　　　　　　　　A: 你累吗?

B: 我很忙。你呢?　　　　　　　B: 我不累，你呢?

A: _____ 。　　　　　　　　A: _____ 。

04. 다음 병음에 해당하는 중국어를 써보고 뜻도 적어보세요.

(1) Nǐ zuìjìn máng ma?　　　　→ _____

(2) Nǐ bàbamāma dōu hǎoma?　→ _____

05. 다음 두 발음을 구분해 보세요..

(1) gǎi------kǎi

(2) kāo------hāo

(3) gāng-----hāng

(4) tòu------kòu

(5) tóugǎo-----tóukǎo

(6) hūhǎn-----kūhǎn

(7) mùpén-----mùpéng

(8) kāifàn------kāifàng

중국을 알자/중국의 민족

　　중국은 한족(汉族)과 55개 소수 민족으로 이루어진 다민족 국가이다. 소수 민족 중에는 생활풍습이나 종교뿐만 아니라 생김새부터 한족과 다른 민족들이 많다. 중국 북서부 신장(新疆)지역에 가면 중국인과 완전히 다른 외모를 지닌 웨이우얼(위구르)족(维乌尔族), 하싸커족(哈萨克族)을 만날 수 있고 닝샤후이족(宁夏回族)자치구에 가면 중동 사람들과 비슷한 외모와 복장을 한 이슬람교도들을 만날 수 있다.

　　인구조사에 따르면 한족이 중국 전체인구의 92%를 차지하며, 각 소수민족의 인구수는 큰 차이가 있는데, 이중 인구수가 가장 많은 민족은 쫭족(壮族)으로 1,600여 만 명이고 가장 적은 민족은 뤄바족(珞巴族)으로 겨우 3,000여 명이다. 인구가 100만 명 이상의 소수 민족은 쫭족(壮族), 멍구족(蒙古族), 후이족(回族), 짱족(藏族)등 총 18개 민족이다. 중국에서의 조선족은 약 200만으로 소수민족 중 12번째이고, 전체 인구의 0.2%를 차지한다. 주로 중국의 헤이룽쟝성, 지린성, 랴오닝성 및 네이멍구 자치구등에 분포하여 살고 있다.

03

您贵姓?

Key Expressions
1. 您贵姓?
2. 你叫什么名字?
3. 你今年多大?

📖 **课文 Kèwén** _____

会话1>

小英: 您贵姓?¹

　　　 Nín guì xìng?

老师: 我姓王，叫王明。

　　　 Wǒ xìng Wáng, jiào Wáng Míng

老师: 你叫什么名字?

　　　 Nǐ jiào shénme míngzi?

小英: 我叫李小英。

　　　 Wǒ jiào Lǐ Xiǎoyīng

_____

1　您贵姓?
　　상대방의 성씨를 물을 때 쓰는 공손한 표현이다. 대답은 보통 "我姓~"로 하며, "我贵姓"라고 해서는 안
　　된다. 또한 이 표현은 "他贵姓?"과 같이 제삼자에 대해서는 쓰지 않는다.

会话2>

老师: 你父母多大年纪?[2][3]
　　　Nǐ fùmǔ duō dà niánjì?

小英: 我爸爸六十岁，我妈妈五十七岁。[4]
　　　Wǒ bàba liùshí suì, wǒ māma wǔshíqī suì

老师: 你今年多大?
　　　Nǐ jīnnián duō dà?

小英: 我今年二十。
　　　Wǒ jīnnián èrshí

📖 **会话1 [生词 shēngcí]** ────────────

贵 guì [형] 비싸다, (존경을 나타내는 말)　名字 míngzi [명] 이름

姓 xìng [명][동] 성(씨), 성이 ~이다　叫 jiào [동] (이름을)~라고 부르다

───────────

2　나이를 묻는 표현
　어린아이에게 나이를 묻는 경우: 你几岁(了)?
　동년배에게 나이를 묻는 경우: 你多大(了)?
　연세가 어른에게 나이를 묻는 경우: 您多大年纪(了)?
　띠로 나이를 묻는 방법: 你属(shǔ)什么?

3　의문대명사 "多"를 이용한 의문문
　의문대명사 "多"와 적극적 의미의 단음절 형용사를 연결시켜 의문문을 만들 수 있다. 예를 들어 "多"를
　"长(cháng, 길다) / 高(gāo, 높다) / 大 / 远(yuǎn, 멀다) / 重(zhòng, 무겁다)"과 각각 연결시키면 시간(길이), 높
　이, 나이, 거리, 중량 등을 묻는 의문문이 된다.

4　"……岁"의 "岁"는 생략할 수 있다.
　그러나 "十岁"이하일 경우에는 "岁"를 생략할 수 없다.

📖 会话2 [生词 shēngcí]

父母 fùmǔ 명 부모

多 duō 부 얼마나(의문문에서 정도를 물음)

大 dà 형 크다, 많다

年纪 niánjì 명 나이, 연령, 연세

六 liù 수 육

十 shí 수 십

岁 suì 양 (나이를 세는 양사)세, 살

五 wǔ 수 오

七 qī 수 일곱

今年 jīnnián 명 올해

二十 èrshí 수 이십

📖 补充生词 bǔchōngshēngcí

1 一 yī	2 二 èr	3 三 sān	4 四 sì	5 五 wǔ
6 六 liù	7 七 qī	8 八 bā	9 九 jiǔ	10 十 shí
11 十一 shíyī	12 十二 shíèr	13 十三 shísān	14 十四 shísì	15 十五 shíwǔ
16 十六 shíliù	17 十七 shíqī	18 十八 shíbā	19 十九 shíjiǔ	20 二十 èrshí
30 三十 sānshí	40 四十 sìshí	50 五十 wǔshí	60 六十 liùshí	70 七十 qīshí
80 八十 bāshí	90 九十 jiǔshí	100 一百 yībǎi	0 零 líng	101 一百零一 yībǎilíngyī

01. 대화를 완성해 보세요..

A: 请问，您贵姓?

B: _____，您贵姓?

A: 我姓李，叫李明。

A: 你叫什么名字?

B: _____，_____?

A: 我叫张英。

A: 你今年多大?

B: _____。

A: 你妹妹几岁了?

B: _____。

A: 你爸爸今年多大年纪?

B: _____。

A: 你妈妈呢?

B: _____。

02. 다음 두 발음을 구분해 보세요.

(1) 王(Wáng)先生-------黄(Huáng)先生

(2) 张(Zhāng)老师------赵(Zhào)老师

(3) 孙(Sūn)小姐--------苏(Sū)小姐

(4) 小吴(Wú)----------小胡(Hú)

　　현재 중국의 행정구역은 성급(省级), 지급(地级), 현급(县级), 3급체제로 나뉘어져 있다. 제1급인 성급에 속하는 행정단위는 총 34개로 22개의 성(省), 5개의 자치구(自治区), 4개의 직할시(直辖市), 2개의 특별행정구(特別行政区)로 이루어져 있다.

　　성급 인민 정부의 소재지를 성회(省会)라 하며, 지방의 정치, 경제, 문화적 중심지 역할을 하고 있다. 1급 성급 행정단위 중 신장위구르자치구(新疆维吾尔自治区)로 면적이 160만㎢로 가장 넓고, 인구는 허난성(河南省)이 9,600만 명으로 가장 많다. 자치구는 소수 민족이 스스로 자치를 시행하는 행정구역이다.

　　5대 자치구는 거주인구가 많은 소수 민족의 이름을 따서 명명한 것으로 자치구에 거주하는 민족들은 소수 민족 우대정책에 따라 나름의 풍속과 종교생활을 유지하면서 어느 정도 민족자치권을 행사할 수 있다.

　　4대 직할시 가운데 충칭(重庆)시는 비교적 최근인 1997년 3월 14일자에 직할시로 승격되었으며, 이 직할시들은 중앙정부의 국무원에서 직접 관할하고 있다. 특별행정구는 필요에 따라 설치할 수 있다는 헌법 규정으로 만들어진 행정구역이며, 중국의 다른 지역과는 달리 별도의 행정체계로 운영되는 지역이다.

▶ 22개의 성: 하북, 산서, 요령, 길림, 흑룡강, 섬서, 감숙, 청해, 산동, 강소, 절강, 안휘, 강서, 복건, 하남, 호북, 호남, 광동, 사천, 귀주, 운남, 해남성

▶ 5개의 자치구: 내몽고, 영하, 신강, 광서, 서장(티베트)자치구

▶ 4개의 직할시: 북경, 상해, 천진, 중경시

▶ 2개의 특별행정구: 홍콩, 마카오

04 你是哪国人？

📖 **课文 Kèwén**

会话1>

小英: 你是哪国人？
　　　Nǐ shì nǎ guó rén?

永日: 我是韩国人。[1]
　　　Wǒ shì Hánguó rén

小英: 你同屋也是韩国人吗？
　　　Nǐ tóngwū yě shì Hánguó rén ma?

永日: 他不是韩国人，他是日本人。
　　　Tā búshì Hánguó rén, tā shì Rìběn rén

---

1 "是"자문
　"是"자문이란 "是"가 술어로 쓰인 문장을 말한다. 동사 "是"의 뒤에 오는 목적어는 주어를 설명하는 역할을 한다. "是"자문의 부정형은 "是"앞에 부정부사 "不"를 붙여 '不是'로 표현한다.

会话2>

小英: 这是什么书?[2]
　　　Zhè shì shénme?

仁泽: 这是汉语书。
　　　Zhè shì Hànyǔ shū

小英: 那也是汉语书吗?
　　　Nà yě shì Hànyǔ shū ma?

仁泽: 不是，那是英语书。
　　　Bú shì, nà shì Yīngyǔ shū.

会话3>

小英: 这是我的中国朋友，叫李明。
　　　Zhè shì wǒde Zhōngguó péngyǒu, jiào Lǐ Míng

仁泽: 认识你很高兴, 你懂韩语吗?
　　　Rènshi nǐ hěn gāoxìng, nǐ dǒng Hányǔ ma?

李明: 我懂一点儿。
　　　Wǒ dǒng yīdiǎnr.

2　지시대명사

	근칭	원칭	의문
사물/사람	这zhè	那nà	哪nǎ
장소	这儿zhèr	那儿nàr	哪儿nǎr

🔖 会话1 〔生词 shēngcí〕

是 shì 〔동〕 ~이다

哪 nǎ 〔대〕 어느

国 guó 〔명〕 나라

人 rén 〔명〕 사람

韩国 Hánguó 〔고〕 한국

同屋 tóngwū 〔명〕 룸메이트

日本 Rìběn 〔고〕 일본

🔖 会话2 〔生词 shēngcí〕

书 shū 〔명〕 책

汉语 Hànyǔ 〔명〕 중국어

英语 Yīngyǔ 〔명〕 영어

🔖 会话3 〔生词 shēngcí〕

这 zhè 〔대〕 이, 이것

的 de 〔조〕 ~의, ~한

中国 Zhōngguó 〔고〕 중국

朋友 péngyou 〔명〕 친구

李明 Lǐ Míng 〔고〕 리밍

认识 rènshi 〔동〕 알다, 인식하다

高兴 gāoxìng 〔형〕 기쁘다, 즐겁다

懂 dǒng 〔동〕 이해하다, 알다

韩语 Hányǔ 〔명〕 한국어

(一)点儿 (yì)diǎnr 〔양〕 조금

🔖 补充生词 bǔchōngshēngcí

美国 Měiguó 〔고〕 미국

法国 Fǎguó 〔고〕 프랑스

德国 Déguó 〔고〕 독일

英国 Yīngguó 〔고〕 영국

加拿大 Jiānádà 〔고〕 캐나다

日语 Rìyǔ 〔명〕 일본어

法语 Fǎyǔ 〔명〕 프랑스어

德语 Déyǔ 〔명〕 독일어

01. 대체연습

A: 他是哪国人?

B: 他是中国人。 　　　　美国／德国／法国／英国／加拿大

A: 这是什么书?

B: 这是汉语书。 　　　　日语／德语／法语／韩语

02. 주어진 문장을 각각 긍정형과 부정형으로 답해 보세요.

(1) 他是韩国人吗?

_____。

_____。

(2) 她是不是加拿大人?

_____?

_____。

(3) 这是英语书吗?

_____?

_____。

(4) 那是不是汉语书?

_____?

_____。

03. 다음 병음으로 주어진 문장을 읽고 간체자로 적어보세요

    (1) Wǒ bù(ú) shì Zhōngguórén.   → _____

    (2) Wǒ bù(ú) dǒng Hànyǔ.   → _____

    (3) Zhè bù(ú) shì Yīngyǔ shū.   → _____

04. 다음 문장들을 중국어로 옮겨보세요.

    (1) 그녀는 어느 나라 사람입니까?   → _____

    (2) 이것은 무슨 책입니까?   → _____

    (3) 중국어를 할 줄 알아요?   → _____

05. 다음 질문을 중국어로 답해보세요.

    (1) 永日是哪国人?

    (2) 李明懂韩语吗?

    (3) 小英的朋友姓什么?

중화인민공화국 국기

중국의 국기는 오성홍기(五星红旗)이다. 가로세로 비율이 3:2인 직사각형 모양이며 붉은색 바탕에 5개의 황색별이 왼쪽 상단에 그려져 있다. 붉은색은 혁명, 황색은 광명과 함께 황색인종이라는 인종적 특성을 상징한다. 5개 별중 큰 별은 중국공산당을 의미하고 작은 별은 각각 노동자계급, 농민계급, 소부르조아 계급, 민족부르조아 계급을 의미하는 것으로 5개별은 중국인민의 대동단결을 상징한다.

05 这是谁的手机?

Key Expressions
1. 这是谁的手机?
2. 这是你们班的教室吗?
3. 你是哪个学校的学生?

📖 课文 Kèwén

会话1>

小英: 这是谁的手机?[1]
　　 Zhè shì shéi de shǒujī?

仁泽: 这是我的手机。
　　 Zhè shì wǒde shǒujī.

小英: 那台电脑也是你的吗?
　　 Nà tái diànnǎo yě shì nǐ de ma?

仁泽: 不是我的, 是我们学校的[2]。
　　 Bú shì wǒ de, shì wǒmen xuéxiào de.

1　这是谁的手机?
　　명사나 대명사가 뒤에 오는 명사와 소속 관계를 나타낼 때, 중간에 "的"를 삽입하여 표현한다. "的"앞
　　에 부분은 관형어라고 하며 수식을 받는 "的"뒤에 성분을 중심어 라고 한다.
2　是我们学校的。
　　대명사가 수식하는 중심어가 소속 단체일 경우, "的"을 쓰지 않아도 된다.

会话2>

老师: 你是哪个学校的学生?[3]
　　Nǐ shì nǎ ge xuéxiào de xuésheng?

仁泽: 我是北京大学的学生。
　　Wǒ shì Běijīngdàxuéde xuésheng

老师: 你是哪个系的?
　　Nǐ shì nǎ ge xì de?

仁泽: 我是中文系的。
　　Wǒ shì Zhōngwén xì de

会话3>

小英: 她是你女朋友吧?[4]
　　Tā shì nǐ nǚpéngyou ba?

仁泽: 不是，是我表妹。
　　Bú shì, shì wǒ biǎomèi.

小英: 她也读中文系吗?
　　Tā yě dú zhōngwén xì ma?

仁泽: 不，她读历史系。
　　Bù, tā dú lìshǐ xì.

3 　중심어가 관형어의 소속일 경우, 가중간에 '的'을 부가하여 사용한다.

4 　她是你女朋友吧?
　　대명사가 수식하는 중심어가 친척이나 친구일 경우, "的"를 쓰지 않아도 된다.
　　어기조사 "吧"는 문장의 끝에 쓰여 명령, 청구, 재촉, 상의, 가능, 추측 등을 표시한다. 여기에서는 "吧"
　　를 이용하여 추측 의문문을 이루고 있다.

📖 **会话1** 生词 shēngcí ——————————————————

谁 shéi 대 누구 　　　　　　电脑 diànnǎo 명 컴퓨터

手机 shǒujī 명 휴대폰 　　　　　学校 xuéxiào 명 학교

台 tái 양 대

📖 **会话2** 生词 shēngcí ——————————————————

北京大学 Běijingdàxué 고 북경대학교 　　系 xì 명 학과

个 ge 양 개(가장 광범위하게 쓰이는 양사) 　中文 zhōngwén 명 중문

📖 **会话3** 生词 shēngcí ——————————————————

女朋友 nǚpéngyou 명 여자 친구 　　　读 dú 동 (책을)읽다,

吧 ba 조 문미에 쓰여 명령, 청구, 　　　　　　　(학교, 학부를)다니다

재촉, 상의 등을 표시한다. 　　　　历史 lìshǐ 명 역사

表妹 biǎomèi 명 사촌 여동생

📖 **补充生词 bǔchōngshēngcí** ——————————————————

庆尚国立大学 Qìngshàngdàxué 고 경상국립대학교

清华大学 Qīnghuá Dàxué 명 청화대학교

同学 tóngxué 명 학우

男朋友 nánpéngyou 명 남자 친구

首尔大学 Shǒuěrdàxué 고 서울대학교

釜山大学 fǔshāndàxué 고 부산대학교

釜庆大学 Fǔqìngdàxué 고 부경대학교

庆尚国立大学 Qìngshàngdàxué 고 경상국립대학교

表弟 biǎodì 명 사촌 남동생

01. 대체연습

A: 他是哪个学校的学生?

B: 我是北京大学的学生　清华大学／首尔大学／庆尚国立大学／
　　　　　　　　　　　　　釜山大学／庆庆大学

A: 这是谁的手机?

B: 这是我的手机。　他／他女朋友／我同学／我妹妹

A: 他是谁?

B: 他是我朋友。　男朋友／哥哥／同屋／表弟

02. 대화를 완성하세요..

(1) 你是中国人吧?

→ _____

(2) 他是你哥哥吗?

→ _____

(3) 这是你的汉语书吧?

→ _____

03. 다음 단어를 조합하여 문장을 만들어 보세요.

(1) 我们／的／书／这是／学校　　→ _____

(2) 她／我／女朋友／是／不　　→ _____

(3) 这／不是／的／我同屋　　→ _____

(4) 她／我们／系／是／不／的　　→ _____

중국을 알자/중국의 술

　　중국의 요리 못지않게 술의 종류와 역사가 대단히 유명하다. 중국 전통술은 바이주(白酒/증류주), 황주(黄酒/양조주), 야오웨이주(药味酒/혼성주), 기타 재조주 등으로 구분할 수 있는데, 지방에 따라 제조법과 원료에 차이가 있어 제각기 독특한 풍미가 있다. 중국의 술은 약 4,500여 종이 있으며, 매년 전국 술 품평회를 통해 금메달을 받은 8가지 술에 '명주'라는 이름을 부여한다. 중국 정부에서는 이 8대 명주에 '중국명주'라고 쓰인 붉은 띠나 리본을 달아 명주임을 증명하고 있다. 8대명주 중 대표적인 술은 바이주 5가지, 황주 2가지, 야오웨이주 1가지로 나뉜다.

　　바이주의 대표적인 술로는 마오타이주(茅台酒), 우량예(五粮夜), 펀주(汾酒), 구징궁주(古井贡酒), 둥주(董酒)등이 유명하며, 황주에는 사오싱자판주(绍兴加饭酒), 룽옌천강주(龙岩沉缸)가 유명하다. 1가지 야오웨이주에는 대나무로 만든 주예청주(竹叶青酒)가 있다. 그리고 중국의 술 예절은 한국과는 달리 첨잔이 가능하며 술잔을 돌리지 않는다. 또 술을 마실 때 상대방 눈을 보며, 같이 술잔에 입을 대고 같이 입을 떼야 한다. 그리고 첫잔은 술잔을 부딪친 후에는 한 번에 다 마시는 것이 상대방에 대한 예의를 지키는 것이다.

06 今天几月几号?

Key Expressions
1. 今天几月几号?
2. 三点怎么样?
3. 你每天几点起床?

课文 Kèwén

会话1>

小英: 今天几月几号?[1]

　　　Jīntiān jǐ yuè jǐ hào?

仁泽: 今天八月二十三号。[2]

　　　Jīntiān bā yuè èrshísān hào.

1　**날짜 표기**

　■ 年(연도)

　1998年 一九九八年　　2010年 二零一零年

　■ 月(월)

　一月 二月 三月 四月 五月 六月 七月 八月 九月 十月 十一月 十二月

　■ 号(日)(일)

　一号 二号 三号 十号 十七号 二十号 二十四号 三十号 三十一号

　■ 星期(요일)

　星期一 星期二 星期三 星期四 星期五 星期六 星期日(天)

2　**명사술어문**

　명사가 술어의 역할을 하는 문형을 '명사술어문'이라 한다. 주로 시간, 나이, 수량 등을 표시할 때 쓴다. 긍정형은 "是"를 생략할 수 있으나 부정형은 "不是"를 술어 앞에 붙여야 한다.

小英: 今天星期几?

　　　Jīntiān xīngqī jǐ?

仁泽: 星期四。

　　　Xīngqī sì.

小英: 明天是你的生日吧?

　　　Míngtiān shì nǐ shēngrì ba.

仁泽: 我的生日是后天, 八月二十四号。

　　　Wǒ de shēngrì shì hòutiān, bā yuè èrshísì hào.

会话2>

小英: 现在几点?

　　　Xiànzài jǐ diǎn?

仁泽: 现在两点半。³

　　　Xiànzài liǎng diǎn bàn

小英: 我们几点见面?

　　　Wǒmen jǐ diǎn jiànmiàn

---

3 시간을 읽는 법

　　시간을 읽는 방법으로는 다음 몇 가지가 있다.

　　2:00 两点

　　2:05 两点五分 / 两点零五(分)

　　2:15 两点一刻 / 两点十五(分)

　　2:30 两点半 / 两点三十(分)

　　2:45 两点三刻 / 两点四十五(分) / 差一刻三点 / 差十五分三点

　　2:55 两点五十五(分) / 差五分三点

仁泽: 三点怎么样?

　　　Sāndiǎn zěnmeyàng?

小英: 好, 三点我在校门口等你。

　　　Hǎo, sān diǎn wǒ zài xuéxiào ménkǒu děng nǐ

会话3>

小英: 你每天晚上几点睡觉?[4]

　　　Nǐ měitiān wǎnshàng jǐ diǎn shuìjiào?

仁泽: 十二点左右。

　　　Shíèr diǎn zuǒyòu.

小英: 那早上几点起床?

　　　Nà zǎoshàng jǐ diǎn qǐchuáng?

4　시간명사

早上 zǎoshang	上午 shàngwǔ	中午 zhōngwǔ	下午 xiàwǔ	晚上 wǎnshang
아침	오전	점심	오후	저녁

上星期 shàng xīngqī		这星期 zhè xīngqī		下星期 xià xīngqī
지난 주		이번 주		다음 주

上个月 shàng ge yuè		这个月 zhè ge yuè		下个月 xià ge yuè
지난 달		이번 달		다음 달

前年 qiánnián	去年 qùnián	今年 jīnnián	明年 míngnián	后年 hòunián
재작년	작년	올해	내년	후년

仁泽: 大概七点钟。

　　　Dàgài qī diǎn zhōng

小英: 每天吃早饭吗?

　　　Měitiān chī zǎofàn ma?

仁泽: 不一定, 有时候吃, 有时候不吃。

　　　Bùyídìng, yǒu shíhou chī, yǒu shíhou bù chī

会话1 [生词 shēngcí]

月 yuè 몡 월　　　　　　　生日 shēngrì 몡 생일
号 hào 몡 일　　　　　　　今天 jīntiān 몡 오늘
星期 xīngqī 몡 요일　　　　后天 hòutiān 몡 모레

会话2 [生词 shēngcí]

现在 xiànzài 몡 지금　　　门口 ménkǒu 몡 문입구
点 diǎn 양 시, 조금　　　　等 děng 동 기다리다
半 bàn 수 반

会话3 [生词 shēngcí]

每天 měitiān 몡 매일　　　起床 qǐchuáng 동 기상하다
晚上 wǎnshang 몡 저녁　　大概 dàgài 부 대략, 아마도
睡觉 shuìjiào 동 잠을 자다　早饭 zǎofàn 몡 아침 밥
左右 zuǒyòu 몡 가량, 안팎, 쯤　不一定 bùyídìng 확정적이지 않다
早上 zǎoshang 몡 아침　　有时候 yǒushíhou 부 가끔씩, 종종

上学 shàngxué 동 학교에 가다   下班 xiàbān 동 퇴근하다

上课 shàngkè 동 수업을 하다   午饭 wǔfàn 명 점심밥

下课 xiàkè 동 수업을 마치다   晚饭 wǎnfàn 명 저녁밥

回家 huíjiā 동 집에 오다   功课 gōngkè 명 숙제, 학업, 과목

上班 shàngbān 동 출근하다

📖 课后练习 kèhòuliànxí ────────────

01. 대체연습(선이 그어진 부분은 실제상황 맞게 답하세요)

A: 今天几月几?   昨天／明天／这个星期六／这个星期日

B: ＿＿＿＿＿＿＿＿＿＿＿＿＿＿＿＿＿

A: 我们几点见面?   吃晚饭／上课／去学校／做功课

B: 三点怎么样?   六点半／上午十点／明天早上／晚上八点半

A: 你每天几点起床?   吃早饭／吃午饭／回家／下课

B: ＿＿＿＿＿＿＿＿＿＿＿＿＿＿＿＿＿

02. 대화를 완성하세요..

(1) A: ＿＿＿＿＿＿＿   (2) A: ＿＿＿＿＿＿＿

　　B: 现在两点半。   　　B: 我早上六点半起床。

　　A: 你几点上课?   　　A: ＿＿＿＿＿＿＿

　　B: ＿＿＿＿＿＿＿   　　B: 我八点去学校。

(3) A: ＿＿＿＿＿＿＿＿

  B: 我爸爸八点上班。

  A: 他几点下班?

  B: ＿＿＿＿＿＿＿＿

(4) A: ＿＿＿＿＿＿＿＿

  B: 我的生日是六月十三号。

  B: 你的生日呢?

  A: ＿＿＿＿＿＿＿＿

03. 다음문장을 중국어로 써 보세요.

 (1) 당신은 몇 월에 중국에 갑니까?   → ＿＿＿＿＿＿＿＿＿＿＿＿

 (2) 우리 다음 화요일에 영화 봅시다.   → ＿＿＿＿＿＿＿＿＿＿＿＿

 (3) 내일 저녁 9시 만나는 게 어떻습니까? → ＿＿＿＿＿＿＿＿＿＿＿＿

 (4) 아버지는 매일 6시에 퇴근합니다.   → ＿＿＿＿＿＿＿＿＿＿＿＿

04. 다음의 A, B 각 시간을 보고 중국어로 발음해 보세요..

 ① A 7:55   B 7:15

 ② A 10:20   B 8:40

 ③ A 3:30   B 3:28

 ④ A 中午12:00   B 上午12:00

 ⑤ A 早上8:00   B 晚上8:00

중국 법정 기념일과 전통 명절은:

(1월 1일) 신년(元旦)

　　　　춘절(春节)은 음력신년 1월1일, 중국 최대의 명절이다.

(3월 8일) 국제노동부녀절(妇女节)

(4월 5일) 청명절(清明节), 성묘를 하거나 나무를 심는 날이다.

(5월 1일) 국제 노동절(劳动节)

(5월 4일) 중국청년절(青年节)

(음력 5월 5일) 단오절(端午节)

(6월 1일) 국제아동절(儿童节)

(7월 1일) 중국공산당창당절(建党节)

(8월 1일) 중국인민해방건군절(建军节)

(음력 8월 15일) 중추절(中秋节)

(9월 10일) 교사절(教师节)

(10월 1일) 국경절(国庆节) 중화인민공화국 수립일이다.

 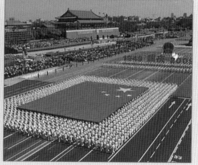

07

你家有几口人?

Key Expressions
1. 你家有几口人?
2. 你爸爸做什么工作?
3.你姐姐结婚了吗?

📖 **课文 Kèwén**

会话1>

小英: 你家有几口人?[1][2]

　　　Nǐ jiā yǒu jǐ kǒu rén?

仁泽: 我家有五口人。

　　　Wǒ jiā yǒu wǔ kǒu rén

小英: 都有什么人?

　　　Dōu yǒu shénme rén?

---

1 你家有几口人?

중국어에서 가족 수를 물을 때에는 "几口人"이라고 묻는다. 그 외에 사람 수를 물을 경우에는 "个(gè)"라는 양사를 써야 한다.

2 "有"자문

술어가 "有"와 그 목적어로 이루어진 문장을 "有"자문이라 한다. 이 문형은 소유관계를 나타낸다. 부정형으로는 "有"앞에 부사 "没(méi)"를 붙여줘야 하며 "不"를 붙일 수 없다.

仁泽: 爸爸，妈妈，姐姐，哥哥和我。
　　　Bàba, māma, jiějie, gēge hé wǒ

仁泽: 你有几个兄弟姐妹?
　　　Nǐ yǒu jǐ ge xiōngdìjiěmèi?

小英: 我有一个妹妹。
　　　Wǒ yǒu yí ge mèimei

会话2>

小英: 你爸爸做什么工作?
　　　Nǐ bàba zuò shénme gōngzuò?

仁泽: 我爸爸是医生。
　　　Wǒ bàba shì yīshēng,

小英: 你哥哥工作吗?
　　　Nǐ gēge gōngzuò ma?

仁泽: 他不工作，现在念大学。
　　　Tā bù gōngzuò, xiànzài niàn dàxué.

小英: 他有女朋友吗?
　　　Tā yǒu nǚpéngyou ma?

仁泽: 没有。
　　　Méiyǒu.

会话3>

小英: 你姐姐结婚了吗?³
　　　Nǐ jiějie jiéhūn le ma?

仁泽: 结婚了。
　　　Jiéhūn le.

小英: 她有没有孩子?⁴
　　　Tā yǒu méi yǒu háizi.

仁泽: 有一个男孩儿，一个女孩儿。
　　　Yǒu yí ge nánháir, yí ge nǚháir.

小英: 都几岁了?
　　　Dōu jǐ suì le?

仁泽: 老大八岁，老二五岁。
　　　Lǎo dà bā suì, lǎo èr wǔ suì.

📖 **会话1 生词 shēngcí** ─────────────

家 jiā 몡 집, 가정　　　　　　　　和 hé 옌 와, 과

─────────────

3　어기조사 "了1"
　　어기조사 "了1"는 문장 끝에 쓰여 어떤 상태나 상황이 이미 발생했음을 나타낸다. 부정형은 동사 앞에
　　"没(有)"를 쓰고, 어기조사 "了"는 생략한다. 예를 들면, "她没(有)结婚".
4　"有"자문 정반의문문
　　긍정(有)+부정(没有)이 합쳐져(有没有)의문문이 되는 것을 정반의문문이라 한다. "他们有孩子吗?"로도
　　표현할 수 있다.

有 yǒu 동 가지고 있다, ~이 있다   兄弟 xiōngdì 명 형제

几 jǐ 대 몇   姐妹 jiěmèi 명 자매

口 kǒu 양 식구(가족을 셀 때 쓰이는 단위)   妹妹 mèimei 명 여동생

哥哥 gēge 명 오빠

会话2 [生词 shēngcí]

做 zuò 동 하다

工作 gōngzuò 명동 일, 직업; 일하다

医生 yīshēng 명 의사

念 niàn 동 (소리 내어)읽다,(학교를)다니다

没 méi 부 소유, 과거사실에 대해 쓰이는 부정부사

会话3 [生词 shēngcí]

结婚 jiéhūn 동 결혼하다

孩子 háizi 명 아이

男孩儿(男孩子) nánháir 명 남자아이

女孩儿(女孩子) nǚháir 명 여자아이

老大 lǎodà 명 장남, 장녀

老二 lǎoèr 명 차남, 차녀

女儿 nǚ'ér 명 딸

补充生词 bǔchōngshēngcí

厨师 chúshī 명 요리사   警察 jǐngchá 명 경찰

教师 jiàoshī 명 교사   公务员 gōngwùyuán 명 공무원

护士 hùshi 명 간호사   售货员 shòuhuòyuán 명 판매원

课后练习 kèhòuliànxí

01. 대체연습

A: 你家有几口人?

B: 我家有三口人。   两／四／五

A: 你有没有哥哥?

B: 我没有哥哥。   姐姐／弟弟／妹妹／中国朋友

A: 他做什么工作?

B: 他是医生。   护士／警察／公务员／售货员／厨师／教师

02. 다음질문을 각각 긍정·부정형 문장으로 답해보세요.

(1) 你结婚了吗?

→ _____

→ _____

(2) 你吃饭了吗?

→ _____

→ _____

(3) 你有没有姐姐?

→ _____

→ _____

03. 단어를 이용하여 작문하세요.

(1) 没有(~을 가지고 있지 않다, ~이 없다)

→ _____

(2) 没有(~을 하지 않았다)

→ _____

04. 다음 질문에 답하세요.

(1) 你家有几口人?

_____ 。

(2) 你有几个兄弟姐妹?

_____ 。

(3) 你爸爸做什么工作?

_____ 。

중국인들은 아는 친구, 회사 동료, 학교 친구, 선배를 부를 때 어떻게 부를까? 일반적으로 우리나라에서는 친구처럼 그냥 이름을 부를 수 있어 문제가 없지만, 중국의 회사, 학교에서는 이런 호칭에 대해서 성 다음에 직책을 붙인다. 예를 들어 지도교수님이 최씨면 최교수님, 부장님이 김씨면 김부장님처럼 호칭한다. 그럼 학교에서는 어떻게 선배, 후배, 동기는 어떻게 부를까? 이것도 이름+선배님, 동기는 그냥 이름 이렇게 부를 것이다.

그러면 중국에서는 이런 호칭을 할 때 이전에는 남자는 "성(姓)+先生", 여자는 "성(姓)+小姐"라고 불렀고 지금도 그렇게 부르고 있다. 그러나 이건 공식적인 호칭이다. 그럼 일반적인 호칭을 어떻게 할까. 서로 가까운 관계에서 본인보다 어리거나 나이가 비슷한 사람을 부를 때 "小+성(姓)"주로 남자는 성(姓) 앞에 여자 이름의 마지막 글자 앞에 붙여 부른다. 그리고 때에 따라서는 아랫사람이라도 친한 상사를 부를 때는 호칭 없이 이름만 부르기도 한다. 또한 잘 아는 언니, 오빠뻘이 되는 사람한테는 성씨 뒤에 姐(언니, 누나), 哥(오빠, 형)이라고 붙여서 부른다.

학교에서는 동급생을 부를 때는 이름을 직접 부르거나 "성(姓)+同学"라고 부르는데 교수님이나 선생님들이 학생들을 호칭할 때도 이렇게 부른다. 그리고 최근 들어 생긴 것인데 친한 사이에서는 이름의 맨 뒤 글자를 중복하여 불러 친밀함을 나타내기도 한다. 예를 들어 친구 이름이 "李丽"면 "丽丽"라고 부른다.

그리고 식당이나 가게에서는 예전에는 "小姐"라고 호칭하였으나 요즘은 "服务员"이라고 호칭하고 남자는 "师傅"내지는 북방에서는 친한 의미에서 "哥们儿"이라고 호칭한다.

그리고 중국에서는 현지 통용되는 있는 성씨가 7,000여 개가 되는데 그중 가장 많은 성씨는 "李", "王", "张"순이다.

08 请问，附近有没有邮局？

Key Expressions
1. 请问，附近有没有邮局？
2. 请问，银行在什么地方？
3. 你在做什么呢？

📖 课文 Kèwén

会话1>

小英: 请问¹, 附近有没有邮局?

　　 Qǐngwèn, fùjìn yǒuméiyǒu yóujú?

路人: 有啊。

　　 Yǒu a.

小英: 在哪儿?

　　 Zài nǎr?

1　请问

"请问"은 다른 사람에게 무엇인가를 물어볼 때 쓰는 공손한 관용구로서, 반드시 물어보는 말 앞에 써야 한다.

路人: 就在前边。[23]

Jiù zài qiánbiān.

会话2>

小英: 请问，银行在什么地方？

Qǐngwèn, yínháng zài shénme dìfang?

路人: 在图书馆旁边。

Zài túshūguǎn pángbiān.

小英: 图书馆附近有没有餐厅？

Túshūguǎn fùjìn yǒu méiyǒu cāntīng?

---

2 **就在前边。**

"바로 앞에 있다."라는 의미로, "就"는 긍정의 어조를 보다 강하게 한다.

"前边"은 방위사이다. 방위사는 명사의 일종으로 주어, 목적어, 한정어 등의 문장성분이 될 수 있다.

3 **방위사**

上边(儿) 위쪽 shàngbiān(r)	左边(儿) 왼쪽 zuǒbiān(r)	东边(儿) 동쪽 dōngbiān(r)	对面 맞은편 duìmiàn
下边(儿) 아래쪽 xiàbiān(r)	右边(儿) 오른쪽 yòubiān(r)	西边(儿) 서쪽 xībiān(r)	旁边(儿) 옆쪽 pángbiān(r)
里边(儿) 안쪽 lǐbiān(r)	前边(儿) 앞쪽 qiánbiān(r)	南边(儿) 남쪽 nánbiān(r)	附近 부근 fùjìn
外边(儿) 바깥쪽 wàibiān(r)	后边(儿) 뒤쪽 hòubiān(r)	北边(儿) 북쪽 běibiān(r)	

※ 주의 "里边"와 "上边"이 명사 뒤에 쓰일 경우에는 "边"을 생략할 수 있다. 예를 들어, "学校里", "车上".

路人: 有，图书馆对面就是。[4]
Yǒu, túshūguǎn duìmiàn jiù shì.

会话3>

小英: 劳驾，留学生宿舍在哪儿?
Láojià, liúxuéshēng sùshè zài nǎr?

路人: 对不起，我也不清楚。
Duìbuqǐ, wǒ yě bù qīngchǔ.

📖 **会话1 [生词 shēngcí]** ───────────

请问 qǐngwèn 실례합니다   就 jiù 부 바로
附近 fùjìn 명 부근   前边 qiánbiān 명 앞쪽
邮局 yóujú 명 우체국

📖 **会话2 [生词 shēngcí]** ───────────

地方 dìfang 명 곳   餐厅 cāntīng 명 음식점, 레스토랑
旁边 pángbiān 명 옆   对面 duìmiàn 명 맞은편
银行 yínháng 명 은행   图书馆 túshūguǎn 명 도서관

---

4 有, 在, 是
존재를 나타낼 때는 동사 "有", "在", "是" 등을 쓸 수 있다.
장소+有+명사
예: 东边有一个邮局。
장소+是+명사
예: 旁边是超市。
명사+在+장소
예: 邮局在银行西边。

📖 **会话3 生词 shēngcí** ────────────

劳驾 láojià 실례합니다

留学生 liúxuéshēng 명 유학생

清楚 qīngchǔ 동 (확실하게)알다

宿舍 sùshè 명 기숙사

📖 **补充生词 bǔchōngshēngcí** ────────────

医院 yīyuàn 명 병원

药店 yàodiàn 명 약국

学校食堂 xuéxiào shítáng 명 학교식당

火车站 huǒchēzhàn 명 기차역

地铁站 dìtiězhàn 명 지하철역

方便 fāngbiàn 형 편리하다

美容院 měiróngyuàn 명 미용실

电影院 diànyǐngyuàn 명 영화관

眼镜店 yǎnjìngdiàn 명 안경점

超市 chāoshì 명 슈퍼마켓 ,마트

📖 **课后练习 kèhòuliànxí** ────────────

01. 대체연습

A: 请问，附近有没有邮局?　　医院／药店／超市／美容院

B: 就在前边。

A: 请问，银行在什么地方?

B: 在图书馆旁边。　　　　　　左边／对面／东边／前边

A: 劳驾，留学生宿舍在哪儿?　学校食堂／眼镜店／电影院／地铁站

B: 我也不清楚。

A: 图书馆对面是银行。　　　　左边／右边／旁边／后边

我们学校很大, 学校里边有邮局, 银行, 眼镜店, 图书馆, 留学生宿舍。邮局在图书馆北边, 银行在图书馆西边。邮局东边是留学生宿舍, 宿舍旁边就是银行。学校附近还有很多餐厅, 超市, 美容店, 很方便。

(1) 你们学校大不大?

_____。

(2) 学校里边有没有邮局?

_____。

(3) 银行在哪儿?

_____。

(4) 宿舍旁边是什么地方?

_____。

(5) 学校附近还有什么?

_____。

03. 다음 단어를 조합하여 문장을 만들어 보세요.

(1) 有／附近／银行／没有 →＿＿＿＿＿＿＿＿＿

(2) 书店／哪儿／请／问／在 →＿＿＿＿＿＿＿＿＿

(3) 邮局／是／什么／旁边／地方 →＿＿＿＿＿＿＿＿＿

(4) 学校／有／书店／里边／吗 →＿＿＿＿＿＿＿＿＿

(5) 书店／图书馆／在／对面 →＿＿＿＿＿＿＿＿＿

중국을 알자/중국의 선물문화

중국인들은 체면을 의식하므로 사적인 선물을 다른 사람이 보는 앞에선 주는 것은 삼가해야 한다. 선물 주는 방법이 적절치 않아도 문제가 될 수 있는데 누구에게 어떤 선물을 해야 하는가를 상황에 맞게 고려해야 한다. 그리고 일반적으로 선물을 준 사람 앞에서 열어보면 안 되고 선물을 받은 후에 답례품을 증정하는 것이 좋고 중국의 설날, 추석, 국경절에는 중국인들은 전통적으로 선물을 교환하므로 이때 선물을 주는 것이 편리하다. 그러나 개업식 때 우산이나 괘종시계를 선물하는 것을 피해야 한다. 왜냐하면 우산(雨傘)의 산(傘)은 산(散)과 발음이 유사하여 재물이 흩어져 버린다고 여긴다. 또한 괘종시계를 선물하는 것(送鐘)은 장례를 치른다는 (送終)과 발음이 유사하여 선물하기를 기피한다. 선물 개수에 있어서도 중국인들은 '4'를 제외한 짝수를 선호하여 세배돈, 술병, 과일 등을 선물할 때 짝수로 준비하는 것이 좋다.

09

你吃什么?

Key Expressions
1. 你吃什么?
2. 你喝不喝可乐?

📖 课文 Kèwén

会话1>

仁泽: 你吃什么?

　　　Nǐ chī shénme?

小英: 我吃米饭。[1]

　　　Wǒ chī mǐfàn.

小英: 你也吃米饭吗?

　　　Nǐ yě chī mǐfàn ma?

仁泽: 我不吃米饭[2]，我吃面条。

　　　Wǒ bù chī mǐfàn, wǒ chī miàntiáo.

---

1 我吃米饭。
　　동사술어문이다. 동사가 술어가 되는 문형을 동사술어문이라 한다.

2 我不吃米饭。
　　동사술어문 부정형은 동사술어 앞에 "不"를 넣는다.

会话2>

小英: 你喝什么饮料?
　　 Nǐ hē shénme yǐn liào?

仁泽: 我喝咖啡。
　　 Wǒ hē kāfēi.

仁泽: 你喝不喝可乐?
　　 Nǐ hē bu hē kělè?

小英: 我不喝可乐, 我喝果汁。
　　 Wǒ bù hē kělè, wǒ hē guǒzhī.

📖 会话1 [生词 shēngcí]

吃 chī [동] 먹다　　　　　　　米饭 mǐfàn [명] 밥
什么 shénme [대] 무엇, 어떤　　面条 miàntiáo [명] 국수

📖 会话2 [生词 shēngcí]

喝 hē [동] 마시다　　　　　　咖啡 kāfēi [명] 커피
饮料 yǐnliào [명] 음료수　　　可乐 kělè [명] 콜라

📖 补充生词 bǔchōngshēngcí

饺子 jiǎozi [명] 만두　　　　　矿泉水 kuàngquánshuǐ [명] 생수
面包 miànbāo [명] 빵　　　　　牛奶 niúnǎi [명] 우유

汉堡 hànbǎo 명 햄버거 　　　　　　　茶 chá 명 차

果汁 guǒzhī 명 쥬스

课后练习 kèhòuliànxí ——————————————————

01. 대체연습

A: 你吃什么?

B: 我吃米饭。　　　　　　饺子／面条／面包／汉堡

A: 你喝什么?

B: 我喝咖啡。　　　　　　矿泉水／果汁／可乐／牛奶

A: 我也喝咖啡。

02. 주어진 문장을 각각 정반의문문과 부정형으로 바꿔 보세요.

(1) 他身体很好。　　　　　　　(2) 他学习很忙。

_____? 　　　　　　_____?

_____。 　　　　　　_____。

(3) 她吃面条。　　　　　　　　(4) 她喝矿泉水。

_____? 　　　　　　_____?

_____。 　　　　　　_____。

03. 다음 단어를 조합하여 문장을 만들어 보세요.

(1) 你／不吃／饺子／吃 　　　→ _____

(2) 我／喝／可乐／不 → _____

(3) 她／喝／牛奶／不／喝 → _____

(4) 你／什么／饮料／喝 → _____

중국을 알자/중국의 음식

세계적으로 명성이 높은 중국요리는 다양한 민족과 광활한 지역의 영향으로 요리의 재료와 요리의 색깔, 맛, 모양, 향기가 독특한데 조리방법과 주재료에 따라 다음의 네 지역으로 나뉜다. 광동요리(广东菜), 산동요리(山东菜), 사천요리(四川菜), 회양요리(淮阳菜)가 그것이다.

1) 광동요리(广东菜)

광동요리는 품종이 대단히 많고, 맛이 특이하여 중국내외에서 널리 알려져 있다. 모든 수산물은 다 식탁의 맛있는 요리로 맛볼 수 있고 심지어 새, 쥐, 뱀, 곤충, 원숭이, 너구리까지도 요리로 만든다. 광동요리의 특징은 신선하고, 개운하며, 구수한 것이다.

2) 산동요리(山东菜)

산동요리는 신선한 해산물을 원료로, 다양한 요리법으로 만들기 때문에 유명하다. 산동요리의 특징은 맛좋은 국물과 파, 마늘을 많이 사용하는 것이다. 현재 한국에 들어와 있는 화교 대부분이 산동성 출신으로, 우리가 한국에서 먹는 중국요리는 산동요리에 가깝다고 할 수 있다.

3) 사천요리(四川菜)

사천요리의 특징은 매운 것이다. 100종의 맛이라 하듯이 구수하면서 매운 것, 쓰면서 매운 것, 얼얼하면서 매운 것, 시면서 매운 것등 매우 다양하다. 사천사람들이 매운 것을 즐기는 것은 기후 때문이라고 한다. 사천 지역은 습도가 높아 매운 것을 먹고 땀으로 배출하기 위해서이다. 대표적인 사천요리로는 다진고기와 두부를 이용한 '마포더우푸(麻婆豆腐)', 회교도들의 양고기 요리인 '양러우궈쯔(洋肉锅子)', 닭가슴살, 땅콩, 말린 고추를 주재료로 해서 볶아 만든 '궁바오지딩(宫保鸡丁)' 등이 유명하다.

4) 회양요리(淮阳菜)

회양요리에는 양주, 진강, 회안, 및 강소성 기타 지방의 요리가 포함된다. 회양요리는 원료가 신선하고, 연하며, 섬세하게 제작되어 맛이 담백할 뿐 아니라 색깔도 산뜻하고 모양이 아름답다. 상하이 게요리, 상하이 단단면(担担面), 화쥐안(花卷), 그리고 한국인이 좋아하는 동포러우(东坡肉) 등이 유명하다.

10 你买点儿什么?

Key Expressions

1. 苹果多少钱一斤?
2. 太贵了，便宜点儿吧.
3. 这件有点儿小，有没有大一点儿的?

📖 **课文 Kèwén**

会话1>

小贩: 你买点儿什么?

　　　Nǐ mǎi diǎnr shénme?

小英: 苹果多少钱一斤?

　　　Píngguǒ duōshǎo qián yì jīn?

小贩: 三块钱一斤，要多少?[1]

　　　Sān kuài qián yì jīn, yào duōshǎo?

1　**중국의 화폐단위와 돈을 세는 방법**

인민폐의 계산 단위는 "元", "角", "分"이며, 구어에서는 "块", "毛", "分"을 쓴다. 금액을 읽는 방법은 다음과 같다:

10.00元	十元	十块
10.30元	十元三角	十块三(毛)
10.15元	十元一角五分	十块一毛五(分)
10.05元	十元零五分	十块零五(分)

※ 주의1 "元(块)", "角(毛)", "分"가운데 하나의 단위만 쓰일 경우, 구어에서는 마지막에 "钱"를 붙여준다. 예를 들면 다음과 같다.
　　8.00元 : 八块钱 / 0.40元 : 四毛钱

※ 주의2 "2"가 단독으로 쓰이면 "两"으로 읽어준다, 예를 들면 "两块", "两毛", "2"가 수의 마지막자리에 쓰이면 "二"로 읽어준다.
　　예를 들면, "两块二", "十二块零二".

小英: 甜不甜?

Tián bu tián?

小贩: 你尝尝。²

Nǐ chángchang

小英: 不错，来三斤。³

Bú cuò, lái sān jīn

小贩: 还要别的吗?

Hái yào biéde ma?

小英: 不要了。

Bú yào le.

会话2>

小英: 这双鞋怎么卖?⁴

Zhè shuāng xié zěnme mài?

---

2 **동사의 중첩**
  일부 동사는 중첩하여 사용할 수 있는데, '가볍게' 혹은 '마음대로'라는 어기를 표현하거나, 또는 동작
  이 짧거나 어떤 동작을 시험 삼아 해본다는 뜻을 표시할 수 있다. 단음절 동사는 "AA"혹은 "A一A"의
  형식으로 중첩하고 쌍음절 동사는 "ABAB"의 형식으로 중첩한다.

3 **来三斤。**
  "来"는 구체적인 동사를 대신하여 어떤 동작이나 행동을 한다는 의미를 나타낸다. 여기에서는 '주세요'
  의 뜻으로, 음식점에서 요리를 시키거나 상점에서 식품, 음료 등을 살 때 늘 쓰인다.

4 **这双鞋怎么卖?**
  "怎么+동사"는 동작의 방식을 물을 때 쓰이는 표현이다. "怎么卖"는 가격을 물을 때 사용한다.

小贩: 三百块。

　　Sānbǎi kuài.

小英: 太贵了，便宜点儿吧。[5]

　　Tài guì le, piányì diǎnr ba.

小贩: 二百八十块给你。

　　èrbǎi bāshí kuài gěi nǐ

小贩: 你穿多大号的?

　　Nǐ chuān duōdà hào de?

小英: 37号。我可以试一下儿吗?[6][7]

　　Sānshí qī hào. Wǒ kěyǐ shì yíxiàr ma?

会话3>

小英: 这件衣服多少钱?

　　Zhè jiàn yīfu duōshao qián?

5　便宜点儿吧。
　　어기조사 "吧"는 여기에서 부탁하는 정도의 청유형 어기를 나타낸다.

6　조동사 "可以"
　　동사 앞에 쓰여 가능, 의지, 바람, 요구 등을 나타내는 품사를 조동사라고 한다. 조동사 "可以"는 "~해도 된다"라는 의미의 허가를 나타낼 수 있다.
　　"可以"를 부정할 때, 일반적으로 평서문에서는 "不能"을 쓰며 "不可以"라고 할 수도 있다. 대화중에서 단독으로 대답할 때에는 "不行(bùxíng)"으로 부정한다.

7　동사+一下儿
　　"동사+一下儿"은 동작의 정도가 가볍거나 혹은 동작에 소요되는 시간이 짧음을 나타낸다.

小贩: 三百五十块。

　　Sānbǎi wǔshí kuài

小英: 这件有点儿小，有没有大一点儿的?[89]

　　Zhè jiàn yǒudiǎnr xiǎo, yǒu méiyǒu dà yīdiǎnr de?

小贩: 你试试这件。

　　Nǐ shìshi zhè jiàn

小英: 好，就要这件，给你钱。[10]

　　Hǎo, jiù yào zhè jiàn, gěi nǐ qián

小贩: 这是四百块，找你五十块。

　　Zhè shì sìbǎi kuài, zhǎo nǐ wǔshí kuài

---

8 "有(一)点儿"과 "一点儿"
　　■ "一点儿"은 사물의 양이 적음을 나타내고, 주로 명사를 수식한다. 예를 들면, "一点儿饭", "一点儿东西". "一点儿"이 형용사 뒤에 쓰일 경우도 있는데, 이때는 그 정도가 경미함을 표시한다, 예를 들면, "大一点的", "早点儿".
　　■ "有(一)点儿"은 주로 동사 혹은 형용사의 앞에서 부사어로 쓰이며, 역시 정도가 경미함을 나타낸다. 그러나 형용사 앞에 쓰일 때에는 대부분 만족스럽지 않다는 의미나 어떤 것에 대한 평가를 나타낸다, 이 때에도 "一"는 종종 생략된다. 예를 들면 "有点儿贵", "有点儿累", "有点儿不高兴".

9 "的"자구조
　　명사, 인칭대명사, 형용사 등의 뒤에 "的"를 붙여서 "的"자 구조를 만들 수 있다. "的"자구 조는 명사로 간주되어 사용한다. 예를 들면, "他的", "大的", "今天买的".

10 给你钱。
　　"给你钱"은 이중 목적어문으로, "钱"은 물건을 나타내는 직접목적어이고, "你"는 사람을 나타내는 간접 목적어이다.

会话1 生词 shēngcí

买 mǎi 동 사다   块 kuài 양 원(중국화폐단위)

一点儿 yìdiǎnr 좀, 약간   甜 tián 형 달다

苹果 píngguǒ 명 사과   尝 cháng 동 맛을 보다

钱 qián 명 돈   不错 búcuò 형 괜찮다, 좋다

斤 jīn 양 근   还 hái 부 또, 더

会话2 生词 shēngcí

双 shuāng 양 쌍

鞋 xié 명 신발   穿 chuān 동 신다, 입다

卖 mài 동 팔다   号 hào 양 사이즈

太 tài 부 너무   可以 kěyǐ 조동 …할 수 있다, …해도 된다

贵 guì 형 비싸다   试 shì 동 해보다, 시험하다

便宜 piányì 형 싸다   一下 yīxià 한번; 잠깐, 잠시

会话3 生词 shēngcí

件 jiàn 양 벌   就 jiù 부 바로

衣服 yīfu 명 옷   找 zhǎo 동 찾다, 거슬러주다

有点儿 yǒudiǎnr 부 약간…하다

补充生词 bǔchōngshēngcí

西瓜 xīguā 명 수박   矿泉水 kuàngquánshuǐ 명 생수

葡萄 pútao 명 포도   酸 suān 형 시다

香蕉 xiāngjiāo 명 바나나   草莓 cǎo méi 명 딸기

西红柿 xīhóngshì 명 토마토　　　一共 yígòng 부 모두

瓶 píng 양 병　　　啤酒 píjiǔ 명 맥주

---

01. 대체연습(선이 그어진 부분은 실제상황 맞게 답하세요)

A: 你买点什么?

B: 三斤苹果。　　　两斤草莓／一斤西红柿／两瓶啤酒
　　　　　　　　　／一瓶矿泉水

A: 苹果一斤多少钱?　　　西红柿／西瓜／草莓／香蕉

B: 三块钱一斤。　　　一块钱／八毛钱／一块五／两块钱

A: 太贵了，便宜点儿吧。

A: 我可以试一下吗?　　　尝／用／看

B: 有点儿小，有没有大一点儿的?　　　贵，便宜／酸，甜

02. 다음 금액을 읽어보고 중국어로 적으세요.

(1) 0.8元　→ _____

(2) 15元　→ _____

(3) 6.25元　→ _____

(4) 103元　→ _____

03. 각각 동사의 중첩과 "동사 + 一下儿"를 이용하여 문장을 완성하세요.

    (1) 제시어 ➡ 休息   太累了，我们 _____ 。

                 太累了，我们 _____ 。

    (2) 제시어 ➡ 尝   苹果不酸，你 _____ 。

                 苹果不酸，你 _____ 。

    (3) 제시어 ➡ 试   这件衣服不大，你 _____ 。

                 这件衣服不大，你 _____ 。

04. 다음 대화를 완성하세요.

    (1) A: 你要什么?

        B: _____ ?

        A: 两块二一斤，_____ ?

        B: 三斤。

        A: _____ 。

        B: 找你四毛钱。

    (2) A: 啤酒 _____ ?

        B: 啤酒一块五一瓶。

        A: 我要三瓶。一共多少钱?

        B: 一共 _____ 。

중국의 법정화폐는 인민폐(人民币)이다. 지폐는 100元, 50元, 20元, 10元, 1元, 5角, 2角, 1角 등이 있다.

동전은 1元, 5角, 2角, 1角, 5分, 2分, 1分의 7종류가 통용되고 있다.

11 你在哪儿学习汉语？

Key Expressions
1. 你在哪儿学习汉语?
2. 你们班有多少留学生?
3. 你住在哪儿?

课文 Kèwén

会话1>

小英: 你在哪儿学习汉语?[1]

　　Nǐ zài nǎr xuéxí Hànyǔ?

仁泽: 我在北京大学学习汉语。

　　Wǒ zài Běijīngdàxué xuéxí Hànyǔ.

小英: 你们班有多少留学生?[2]

　　Nǐmen bān yǒu duōshǎo liúxuéshēng?

1　"在"자 개사구조
　　개사 "在"는 목적어와 결합하여 개사구조를 이루며, 주로 동사 앞에 쓰여 부사어 역할을 한다. 여기에서 "他学习汉语在北京语言大学"라고 할 수 없다.

2　"几"와 "多少"
- "几"와 "多少"는 모두 수량을 물을 때 쓰인다. "10"이하의 숫자가 예상될 경우 일반적으로 "几"를 쓰며, "多少"는 어떤 수량에도 쓰일 수 있다.
- "几"는 수사를 대신한 것이므로 "几"와 "几"가 수식하는 명사 사이에는 양사를 써야 한다. "多少"의 뒤에는 양사를 붙일 수 있고 붙이지 않을 수도 있다. 예를 들면 다음과 같다. "几个朋友", "多少(个)学生".

仁泽: 我们班有二十三名留学生。

Wǒmen bān yǒu érshísān míng liúxuéshēng.

会话2>

小英: 你住在哪儿?³

Nǐ zhù zài nǎr?

仁泽: 我住在留学生宿舍。⁴

Wǒ zhù zài liúxuéshēng sùshè

小英: 你住几楼?

Nǐ zhù jǐ lóu?

仁泽: 我住三楼。

Wǒ zhù sān lóu

小英: 你的房间号码是多少?

Nǐ de fángjiān hàomǎ shì duōshao?

仁泽: 我的房间号码是319。⁵

Wǒ de fángjiān hàomǎ shì sān yāo jiǔ

---

3   출생·발생·생산·거주 등의 장소는 "在"자 개사구조를 동사의 앞이나 뒤에 모두 쓸 수 있다. 여기에서
    "你在哪儿住?"라고도 할 수 있다.
4   "我在留学生宿舍住"라고도 할 수 있다.
5   방번호, 전화번호 등에 쓰인 숫자 "1"은 보통 "yāo"라고 읽는다.

会话3>

小英: 你在哪儿打工?
　　　Nǐ zài nǎr dǎgōng?

仁泽: 我在咖啡店打工。
　　　Wǒ zài cāfēidiàn dǎgōng

小英: 你周末做什么?
　　　Nǐ zhōumò zuò shénme?

仁泽: 我周末一般在宿舍休息。
　　　Wǒ zhōumò yībān zài sùshè xiūxi

📖 **会话1 [生词 shēngcí]** ────────────

在 zài [전][동] …에서, 있다　　　多少 duōshao [대] 얼마, 몇
哪儿 nǎr [대] 어디　　　　　　　留学生 liúxuéshēng [명] 유학생
班 bān [명][양] 반

📖 **会话2 [生词 shēngcí]** ────────────

住 zhù [동] 살다　　　　　　　　房间 fángjiān [명] 방
宿舍 sùshè [명] 기숙사　　　　　号码 hàomǎ [명] 번호
楼 lóu [명] 층, 건물

📖 **会话3 [生词 shēngcí]** ────────────

打工 dǎgōng [동] 아르바이트하다

咖啡店 kāfēidiàn 몡 커피숍

周末 zhōumò 몡 주말

一般 yībān 부 뿐형 통상적으로, 보통이다

休息 xiūxi 동 휴식하다

📖 **补充生词 bǔchōngshēngcí** ────────────

读书 dúshū 동 책을 읽다, 학교를 다니다

午饭 wǔfàn 몡 점심밥

食堂 shítáng 몡 식당

补习班 bǔxíbān 몡 학원

麦当劳 Màidāngláo 고 맥도날드

肯德基 Kěndéjī 고 KFC

必胜客 Bìshèngkè 고 피자헛

易买得 Yìmǎidé 고 이마트

身份证 shēnfènzhèng 몡 신분증

护照 hùzhào 몡 여권

学生证 xuéshēngzhèng 몡 학생증

电话 diànhuà 몡 전화

📄 **课后练习 kèhòuliànxí** ────────────

01. 대체연습

A: 你在哪儿工作?　　　　读书／吃午饭／学汉语／休息

B: 我在学校工作。　　　　大学／学校食堂／补习班／家

A: 你在哪儿打工?

B: 我在咖啡店打工。　　　　麦当劳／必胜客／肯德鸡／易买得

A: 你的**房间**号码是多少?　　　身份证／学生证／护照／电话
B: 我的**房间**号码是1019。　　　1101／2008／6970／010-1234-8888

02. 다음질문을 답하세요.

(1) 你家有几口人?　　　　　　(3) 你们学校有多少学生?

→ _____　　　　　→ _____

(2) 你在哪个学校读书?　　　　(4) 你们系有几位女教授?

→ _____　　　　　→ _____

03. 병음을 읽고 문장을 적어보세요.

(1) Wǒmen xuéxiào yǒu sān qiān duō míng xuésheng.

→ _____

(2) Nǐmen bān yǒu duōshǎo nánshēng(남학생)?

→ _____

(3) Nǐ bàba zài nǎr gōngzuò?

→ _____

중국의 대학입학 전 교육시스템은 보통 "초등(小学6년)-중등(初中3년)-고등(高中3년)"이다. 이후 학생들은 대학을 입학하는데 보통 매년 6월 우리나라 "수능"에 해당하는 까오카오(高考)라는 대학입학시험을 2일간 실시된다. 학생들은 이 시험 따라 자신이 희망하는 대학에 진학하게 되는데 9월이 1학기이다.

중국의 대학과정은 우리나라의 4년제에 해당하는 종합대학(大学), 단과대학(学院), 우리나라 전문대에 해당하는 2~3년제 전문대학(大专)으로 나뉘어진다. 중국학부모들의 교육열은 우리나라만큼 대단하다고 할 수 있다. 소위 명문대 입학을 위해 유명학원 수강, 명문 중고등학교 진학에 학부모들의 노력이 대단하다.

그러나 중국의 명문대학는 우리나라와는 조금 다르다. 우리나라는 일반적으로 명문대학이 지방대보다는 수도권대학에 집중되어 있다고 생각하고 있으나 중국은 물론 수도 베이징에 명문대학이 많이 있기는 하나 학문분야에 따라 다르다, 예를 들어 재경, 의학, 법학, 문과, 공학, 농임업등 각 지방에 명문대학이 분포가 되어있다.

아래의 표에서 보듯이 중국학우회넷(中国校友会, http://www.cuaa.net/)가 발표한 "2021년 기준 중국대학 순위표"에서도 상위 5위는 베이징(北京)대학, 칭화(清華)대학 이외에는 상하이(上海), 난징(南京). 항쩌우(杭州)에 있다. 그리고 대학순위 1, 2위를 차지한 베이징대학은 문과계열이 우수하고 칭화대학는 이공계열이 우수하다.

중국의 명문대학은 대부분 국립이고 최근에 사립대학의 설립이 많아지고 있다.

그리고 한가지 더 이야기를 하자면, 우리나라 학생들이 중국어로 자기소개를 하면서 가장 실수를 많이 하는 것은 자기 소속 대학교를 "OO대학교(大学校)"라고 말하는데 일반적으로 중국인들은 그냥 "OO대학(大学)"으로 말한다.

중국의 대학순위(2021년 기준)

순위	대학교 이름	지역
1	북경대학(北京大学)	북경(北京)
2	청화대학(清華大學)	북경(北京)
3	상해교통대학(上海交通大学)	상해(上海)
4	절강대학(浙江大学)	절강 항주(浙江 杭州)
5	화중과학기술대학(华中科学技术大学)	호북 무한(湖北 武汉)
6	남경대학(南京大学)	강소 남경(江苏 南京)
7	서안교통대학(西安交通大学)	섬서 서안(陕西 西安)
7	복단대학(复旦大学)	상해(上海)
9	중국과학기술대학(中国科学技术大学)	안휘 합비(安徽 合肥)
10	천진대학(天津大学)	천진(天津)
10	길림대학(吉林大学)	길림 장춘(吉林 长春)
10	북경사범대학(北京师范大学)	북경(北京)
10	무한대학(武汉大学)	호북 무한(湖北 武汉)
14	중국인민대학(中国人民大学)	북경(北京)
15	하얼빈공업대학(哈尔滨工业大学)	흑룡강 하얼빈(黑龙江 哈尔滨)
16	중산대학(中山大学)	광동 광주(广东 广州)
17	남개대학(南开大学)	천진(天津)
18	사천대학(四川大学)	사천 성도(四川 成都)
19	산동대학(山东大学)	산동 제남(山东 济南)
20	북경항공항천대학(北京航空航天大学)	북경(北京)

출처: 중국학우회넷 http://www.cuaa.net

12

你成绩怎么样?

Key Expressions
1. 他身体很好!
2. 他工作忙不忙?
3. 你成绩怎么样?

📖 课文 **Kèwén**

会话1>

老师: 你爸爸身体好吗?

　　　Nǐ bàba shēntǐ hǎo ma?

小英: 他身体很好。¹

　　　Tā shēntǐ hěn hǎo.

老师: 他工作忙不忙?²

　　　Tā gōngzuò máng bu máng?

1　**他身体很好。**(그는 건강이 좋습니다.)
　주술술어문이다. 술어가 주술구조로 된 문장을 주술술어문이라고 한다. 부정형은 일반적으로 주술구조의 술어에 "不" 등의 부정부사를 붙여 표현한다.

2　**他工作忙不忙?**(그분이 일이 바쁘니?)
　정반의문문. 정반의문문은 의문문의 형식 중 하나로, 술어의 주요성분(동사 혹은 형용사)의 긍정형과 부정형을 병렬시킴으로써 질문을 한다. 정반의문문과 "吗"를 사용한 일반의문문은 형식만 다를 뿐, 문장 내에서의 의미는 같다.

小英: 他工作不太忙。

　　　Tā gōngzuò bú tài máng.

会话2>

老师: 你学习努力吗?

　　　Nǐ xuéxí nǔlì ma?

小英: 我学习比较努力。

　　　Wǒ xuéxí bǐjiào nǔlì.

老师: 你成绩怎么样?

　　　Nǐ chéngjì zěnmeyàng?

小英: 还可以。

　　　Hái kěyǐ

会话1 [生词 shēngcí] ────────────

身体 shēntǐ 명 건강, 신체　　　　不太 bútài 그다지 ~하지 않다
工作 gōngzuò 명동 일, 직업, 일하다

会话2 [生词 shēngcí] ────────────

学习 xuéxí 동 학습, 학습하다　　　成绩 chéngjì 명 성적
努力 nǔlì 형 노력하다　　　　　　怎么样 zěnmeyàng 대 어떠한가
比较 bǐjiào 부동 비교적, 비교하다 还可以 háikěyǐ 그런대로

肚子 dùzi 명 배   头发 tóufà 명 머리카락

性格 xìnggé 명 성격   大 dà 형 크다

眼睛 yǎnjīng 명 눈   高 gāo 형 (키가)크다, 높다

个子 gèzi 명 키   长 cháng 형 길다

📖 **课后练习 kèhòuliànxí** ────────────

01. 다음 문장을 읽어보세요.

你身体好吗? Nǐ shēntǐ hǎo ma?

你工作忙吗? Nǐ gōngzuò máng ma?

她成绩好不好? Tā chéngji hǎo bu hǎo?

他学习努力不努力? Tā xuéxí nǔlì bu nǔlì?

02. 대체연습

A: 他成绩好吗?   身体／性格／工作

B: 他成绩很好。

A: 你工作忙不忙?   学习／最近

B: 我工作不太忙。

03. 다음 대화를 완성해보세요.

A: 你身体怎么样?   A: 你学习累不累?

B: _____, 你呢?　　　B: _____, 你呢?

A: 我身体很好。　　　　　　A: 我学习不太累。

A: _____?　　　　　　A: 你肚子饿不饿?

B: 我工作很忙, _____?　　B: 我不饿, 你呢?

A: 我工作不忙。　　　　　　A: _____。

04. 다음 단어를 조합하여 문장을 만들어 보세요.

(1) 我／饿／肚子／很　　→ _____

(2) 他／高／个子／不　　→ _____

(3) 头发／长／她／不／长→ _____

(4) 他／很／大／眼睛　　→ _____

　중국차(茶)는 수천년 동안 약용, 식용 등 다양한 모습과 형태로 이어져 내려오면서 중국인들에게는 없어서는 안 될 필수품이 되었다. 원래 차의 역사는 오래되었으나 그 값이 비싸서 일반인들은 먹지 못하였다고 한다. 북방 사람들은 북방의 추운 기후가 차를 재배하기에는 적당하지 않았고 또 목축업을 주로 하였기에 우유와 같은 낙농차를 마셨다. 오히려 남방 사람들은 기후가 차를 재배하기 알맞아 다양한 차를 마셨으며, 특히 재력이 있는 사람들의 향유물이 되었다. 그 귀중함을 알 수 있는 것이 현재 흑당 버블티로 유명한 '贡茶'도 대만에서 재배된 차를 중국 황제에게 조공으로 바치던 차에서 유래되었다고 한다. 일반적으로 차는 발효도, 제조공정, 색상에 따라 뤼차(绿茶), 바이차(白茶), 칭차(清茶), 홍차(红茶), 황차(黄茶), 헤이차(黑茶)로 나뉘어진다. 뤼차는 발효가 전혀 안되었거나 약간 발효된 것으로 룽징차(龙井茶), 모리화차(茉莉花茶)가 유명하다. 홍차, 헤이차, 황차는 완전발효차로 치먼홍차(祁门红茶), 푸얼차(普洱茶) 등이 유명하다. 이러한 중국 전통의 차문화는 중국의 공연문화와 연결되어 수도 베이징에서는 공연을 보면서 차를 마실 수 있는 유명한 찻집(茶館)이 있었으나, 지금은 커피의 수입과 유행으로 젊은들에게는 그렇게 환영을 받지 못하는 것이 아쉽다. 그러나 역시 차는 중국술과 더불어 중국의 대표적인 음식문화이다.

13

请问，去韩国大使馆怎么走？

Key Expressions
1. 请问，去韩国大使馆怎么走？
2. 往前走，到十字路口往左拐。
3. 在马路左边还是右边？

📖 课文 Kèwén ────────────────────────

会话1>

仁泽: 请问，去韩国大使馆怎么走？

Qǐngwèn, qù Hánguó dàshǐguǎn zěnme zǒu?

路人: 一直往前走。¹

Yìzhí wǎng qián zǒu.

仁泽: 离这儿远吗？²

Lí zhèr yuǎn ma?

路人: 不远, 走十分钟就到了。

Bù yuǎn, zǒu shí fēnzhōng jiù dào le.

---

1 往
"往"은 "…를 향하여"라는 의미의 개사로, "往"대신 "向(xiàng)"을 쓸 수도 있다.

2 离
"离"는 "~로 부터"라는 의미의 개사로, 공간적·시간적 거리를 나타낼 때 기준점이 되는 시간이나 장소를 나타내는 명사 앞에 쓰인다.

会话2>

仁泽: 请问，新华书店从这儿怎么走?

　　 Qǐngwèn, Xīnhuáshūdiàn cóng zhèr zěnme zǒu?

路人: 先往前走，到十字路口再往左拐。[3]

　　 Xiān wǎng qián zǒu, dào shízì lùkǒu zài wǎng zuǒ guǎi.

仁泽: 在马路左边还是右边?[4]

　　 Zài mǎlù zuǒbiān háishì yòubiān?

路人: 在马路右边。

　　 Zài mǎlù yòubiān

会话3>

仁泽: 劳驾，去天安门坐几路车?

　　 Láojià, qù Tiān'ān mén zuò jǐ lù chē?

路人: 坐802路公交车。

　　 Zuò bālíngèr lù gōngjiāochē.

---

3 **先⋯⋯，再⋯⋯**
　"先⋯⋯，再⋯⋯"는 동작의 앞뒤 순서를 나타낸다. 예를 들면 다음과 같다.
　我们先去吃饭，再去学校。

4 **선택의문문**
　가능성을 있는 두 개의 대답을 접속사 "还是"를 써서 연결함으로써 의문문을 만들 수 있는데, 이러한
　의문문을 선택의문문이라고 한다. 예를 들면 다음과 같다.
　⑴ 你去还是我去?
　⑵ 上午见还是下午见?
　⑶ 他是中国人还是韩国人?

仁泽: 要不要换车?

　　　Yào bu yào huàn chē?

路人: 不用。

　　　Bú yòng.

仁泽: 坐几站?

　　　Zuò jǐ zhàn?

路人: 三站。

　　　Sān zhàn.

📖 **会话1** 〔生词 shēngcí〕 ──────────

大使馆 dàshǐguǎn 몡 대사관　　　离 lí 젠 …에서, …로부터

一直 yìzhí 부 곧게, 줄곧　　　　这儿 zhèr 대 여기

往 wǎng 젠 …로 향하다, …쪽으로　　远 yuǎn 혱 멀다

前 qián 몡 앞쪽　　　　　　　到 dào 동젠 전 도착하다, …까지

走 zǒu 동 가다, 걷다

📖 **会话2** 〔生词 shēngcí〕 ──────────

从 cóng 젠 …로부터　　　　　拐 guǎi 동 꺾어 돌다, 돌아가다

先 xiān 부 우선, 먼저　　　　　马路 mǎlù 몡 큰 길

十字路口 shízìlùkǒu 몡 사거리　　右边 yòubiān 몡 오른쪽

左边 zuǒbiān 몡 외쪽

劳驾 láojià 실례합니다

天安门 Tiān'ānmén 〔고〕 천안문

路 lù 〔양〕 번, 노선

公交车 gōngjiāochē 〔명〕 버스

要 yào 〔동〕〔조동〕 필요하다, 하려고하다

换车 huànchē 〔동〕 차를 갈아타다

不用 búyòng 필요없다

站 zhàn 〔명〕 정거장, 터미널, 역

补充生词 bǔchōngshēngcí

颐和园 Yíhéyuán 〔고〕 이화원

长城 Chángchéng 〔고〕 만리장성

故宫 Gùgōng 〔고〕 고궁

天坛 Tiāntán 〔고〕 천단

过 guò 〔동〕 건너다

课后练习 kèhòuliànxí

01. 대체연습

A: 请问，去韩国大使馆怎么走?　　超市／医院／北京大学

B: 一直往前走。

A: 新华书店从这儿怎么走?

B: 先往前走，到十字路口再往左拐。　　右／东／南／北

A: 劳驾，去天安门坐几路车?　　故宫／颐和园／长城／天坛

02. "从"나 "离"를 사용해서 다음 문장을 완성해보세요.

(1) 我_____家里去学校。

(2) 学校_____你家远不远?

(3) 这个周末姐姐_____中国来。

(4) 我们25号_____首尔出发。

(5) 银行_____这儿不太远。

03. 다음 문장을 중국어로 써 보세요.

(1) 기차역은 여기에서 먼가요?

→ _____。

(2) 서점에 가려면 몇 번 버스를 타야 되죠?

→ _____。

(3) 우선 쭉 앞으로 갔다가, 사거리에서 오른 쪽으로 도세요.

→ _____。

(4) 큰 길 오른쪽에 있습니까, 아님 왼쪽에 있습니까?

→ _____。

유구한 역사발전 과정에서 중국 각 민족이 처한 자연환경, 사회 조건, 경제발전 등의 차이로 인하여 독특한 풍속 습관을 형성하였다. 음식 분야를 보면, 남방 사람들은 쌀을 주식으로 하고 북방 사람들은 면류를 즐겨 먹는다. 위구르족, 하사크족과 우즈벡족은 양고기구이(양고기를 섞은 육반)을 즐겨먹고, 멍구족은 볶음밥, 양꼬리 튀김, 우유차를 좋아하며, 조선족은 떡, 냉면, 김치를 즐겨 찾는다. 짱족(티벳족)은 청과백의 볶음가루와 소, 양의 젖을 바짝 졸여서 만든 기름차를 즐긴다. 복식 방면에서 중국 여성의 전통의상 치파오는 원래 중국 소수 민족인 만주족 여인들의 옷이었다. 19세기 말까지는 의상 자체가 청나라를 세운 만주족들의 사회적 신분을 나타내는 역할을 하였으며 치마의 옆트임은 원래 만주족 여성들이 말을 탈 때 활동하기 쉽도록 고안된 것이다. 20세기에 들어와서는 서양식 교육을 받은 여학생들 사이에서 치파오를 입는 것이 유행하게 되었고, 이런 흐름을 민족주의 성향이 강한 신문과 라디오에서 자주 언급하면서 1929년 중화민국 정부는 국가 차원에서 치파오를 여성의 예복으로 인정하게 되었다.

거주 분야에서는 한족의 거주지역은 보통 정원식 주택이고, 내몽고, 신강, 청해, 감숙등 유목지역의 민족은 대부분 몽고파오에 거주하고 태(傣), 장(壯),등 남방민족은 "干栏(간난)"식 건물 등에 주거한다. 올림픽 이후 북경, 상해 등 대도시에서는 전통가옥과 일반식 단층집이 점차 사라지고, 대다수의 사람들은 고층아파트에 거주하기를 원하고 있다.

14

喂，请问王老师在家吗？

Key Expressions
1. 喂，请问金先生在吗？
2. 喂，是1019号房间吗？
3. 他的手机号码是多少？

📖 **课文 Kèwén** ———————————————

会话1>

小英: 喂，请问王老师在家吗？
Wéi, qǐngwèn Wáng lǎoshī zài jiā ma?

保姆: 在，您是哪位？
Zài, nín shì nǎ wèi?

小英: 我是她的学生刘小英。
Wǒ shì tā de xuésheng Liú Xiǎoyīng

保姆: 请稍等。
Qǐng shāo děng.

会话2>

小英: 喂，请问金先生在吗？
Wéi, qǐngwèn Jīn xiānsheng zài ma?

同事: 不在, 他出去了。[1]

Bú zài, tā chūqù le.

小英: 他什么时候回来?

Tā shénmeshíhou huílái?

同事: 这我也不清楚, 请打他手机好吗?

Zhè wǒ yě bù qīngchǔ, qǐng dǎ tā shǒujī hǎo ma?

小英: 他的手机号码是多少?

Tā de shǒujī hàomǎ shì duōshao?

同事: 138-4431-8058

Yāo sān bā -sì sì sān yāo - bā líng wǔ bā

会话3>

小英: 昨天你给金珉助打电话了吗?[2]

Zuótiān nǐ gěi Jīn MínZhù dǎ diànhuà le ma?

---

1 단순방향보어

일부 동사는 뒤에 "来"나 "去"를 보어로 취하여 동작의 방향을 나타내는데, 이러한 보어를 단순방향보어라고 한다.

	上	下	进	出	回	过	起
来	上来	下来	进来	出来	回来	过来	起来
去	上去	下去	进去	出去	回去	过去	

2 개사 "给"

동작이나 행위가 미치는 사람을 이끌어 내는데 쓰인다.

예 晚上给我打电话。

妈妈给我买衣服。

同屋: 打了，可是没打通，手机一直占线。
Dǎle, kěshì méi dǎtōng, shǒujī yìzhí zhànxiàn.

小英: 你没有再打吗?
Nǐ méiyǒu zài dǎ ma?

同屋: 今天也打了，她不接。[3]
Jīntiān yě dǎ le, tā bù jiē.

小英: 你可以往她宿舍打。
Nǐ kěyǐ wǎng tā sùshè dǎ.

同屋: 我没有她宿舍的电话号码。
Wǒ méiyǒu tā sùshè de diànhuà hàomǎ.

会话1 [生词 shēngcí]

喂 Wéi 감 여보세요　　　稍 shāo 부 약간, 잠깐
位 wèi 양 분　　　　　　等 děng 동 기다리다

3　전화걸기와 관련된 표현

打电话	接电话	挂电话	请稍等
dǎ diànhuà	jiē diànhuà	guà diànhuà	qǐng shāo děng
전화를 걸다	전화를 받다	전화를 끊다	잠시 기다리세요
打错了	打通了	您找谁?	我就是
dǎ cuò le	dǎ tōng le	nín zhǎo shuí	wǒjiùshì
잘 못 걸었습니다	전화가 걸렸다	누구를 찾으십니까?	바로 저입니다

在 zài 동 …에 있다   回来 huílái 동 돌아오다

出去 chūqù 동 나가다   打 dǎ 동 (전화를)걸다

什么时候 shénmeshíhou 대 언제

📖 **会话3** 生词 shēngcí ──────────────────────────

金珉助 Jīn MínZhù 고 김민조   占线 zhànxiàn 동 통화 중이다

电话 diànhuà 명 전화   再 zài 부 다시

通 tōng 동 통하다   接 jiē 동 받다, 잡다

📖 **补充生词** bǔchōngshēngcí ──────────────────────

同事 tóngshì 명 동료   关机 guānjī 동형 (휴대폰)전원을 끄다

公司 gōngsī 명 회사

停机 tíngjī 동 (전화기) 통화 서비스를 정지하다

办公室 bàngōngshì 명 사무실

🖥 **课后练习** kèhòuliànxí ──────────────────────────

01. 대체연습

A: 喂，请问，王老师在家吗?   金先生／张老师／李老师

B: 在，请稍等。

A: 您是哪位?

B: 我是他的学生。   朋友／老师／同学／同事

A: 你可以打他宿舍打。　　　　　家里／公司／办公室／学校

A: 电话打通了吗?

B: 没打通, 手机占线。　　　　关机／停机

02. 다음 대화에서 한어병음으로 쓰인 부분을 중국어로 옮기세요.

(1) A: ＿＿＿＿＿＿＿＿＿＿＿＿＿＿, 请问王老师在家吗?
　　　　　　Wéi

　B: 在, ＿＿＿＿＿＿＿＿＿＿＿＿?
　　　　　　Nín shì nǎ wèi

(2) A: ＿＿＿＿＿＿＿＿＿＿＿?
　　　　　Nín zhǎo shuí

　B: 我找王老师, 我是他的学生。

　A: ＿＿＿＿＿＿＿＿＿＿＿＿。
　　　　Qǐng shāo děng

(3) A: ＿＿＿＿＿＿＿＿＿＿＿, 金先生在吗?
　　　　Qǐngwèn

　B: 他不在, 他＿＿＿＿＿＿＿＿＿＿了。
　　　　　　　　　　　chūqù

　A: 他＿＿＿＿＿＿＿＿＿＿?
　　　shénmeshíshou huílái

(4) A:没打通, 一直＿＿＿＿＿＿＿＿＿＿。
　　　　　　zhànxiàn

103

B: 你可以 _____。
　　　　　　dǎ tā sùshè diànhuà

중국을 알자/중국의 휴대전화

중국에는 우리나라의 SK나 KT처럼 롄퉁(联通), 이퉁(移通), 디엔신(电信) 등의 휴대전화 통신업체가 있다. 보통 중국의 휴대전화번호는 130, 131, 132, 133, 136, 136, 137, 138, 139, 150, 170 등으로 시작한다.

일반적으로 133-XXXX-XXXX으로 중간과 끝의 4자리가 자신의 휴대전화 번호가 된다. 전화요금은 보통 6마오(毛, 한국돈 100원)이고, 후불제 전화요금은 2마오(毛, 한국돈 40원)인데, 후불제 전화는 신청이 매우 까다로워 대부분의 사람들이 카드 충전식 휴대전화를 사용한다. (요금은 지역에 따라 다양하며, 보통 다른 성으로 전화를 걸 경우 요금이 비쌈). 중국에서 휴대전화를 사용하려면 우리나라처럼 통신사에 가입하는 것이 아니라 휴대전화 기계와 USIM카드, 그리고 요금 충전카드를 따로 사서 충전을 해야 사용 할 수 있다.

중국의 대표적인 이동통신 회사로는 '차이나 텔레콤(中国通信 China Telecom)', '차이나 모바일(中国移动通信 China Mobile)', 차이나 유니콤(中国连通 China Unicom)'이 있다.

15

我想去图书馆借书

Key Expressions
1. 我要去图书馆借书
2. 我打算坐火车去
3. 你在做什么呢?

📖 **课文 Kèwén** ————————————————

会话1>

小英: 你要去哪儿?[1]
　　　Nǐ yào qù nǎr?

仁泽: 我要去图书馆。
　　　Wǒ qù túshūguǎn。

小英: 你去图书馆做什么?
　　　Nǐ qù túshūguǎn zuò shénme

1　능원동사
　　능원동사 "要(yào)", "想(xiǎng)" 등은 항상 동사의 앞에 놓여, 기대, 능력 혹은 가능성을 나타낸다. 부정
　　형은 능원동사 앞에 "不"를 붙이면 된다. 하지만 능원동사 "要"의 부정형은 "不想"을 쓴다.

仁泽: 我去图书馆借书。²

Wǒ qù túshūguǎn jiè shū.

会话2>

小英: 周末你打算做什么？

Zhōumò nǐ dǎsuàn zuò shénme?

仁泽: 我想去上海旅行。³

Wǒ xiǎng qù Shànghǎi lǚxíng.

小英: 你打算坐什么去？

Nǐ dǎsuàn zuò shénme qù?

仁泽: 我打算坐火车去。⁴

Wǒ dǎsuàn zuò huǒchē qù.

会话3>

小英: 你在做什么呢？⁵

Nǐ zài zuò shénme ne?

2　**연동문**
　　기본 문형☞ "주어+동사+목적어1(생략가능)+동사2+목적어2"
　　연동문은 하나의 주어가 두 개 혹은 그 이상의 동사를 갖고 그것이 술어 역할을 하는 문장을 말한다.
　　이때, 동사는 일반적으로 동작이 발생하는 순서대로 쓴다.
3　"…에 여행가다"라는 말은 "去+장소+旅行"의 연동문 형식으로 표현하며 "旅行+장소"라고 할 수 없다.
4　"坐+교통도구+去+(장소)"형식의 연동문이다.
5　**동작의 진행**
　　부사 "在"(혹은 "正在")는 동사나 동사구 앞에 쓰여 동작의 진행을 나타낸다. "在"와 "正在"는 문장 끝 어
　　기조사 "呢"와 동시에 쓰일 수 있다. 부정형은 "没在……"를 쓰거나 "没有"를 쓴다. 예들 들면 다음과
　　같다, "我没在给朋友写信".

仁泽: 我在给朋友写信呢。

Wǒ zài gěi péngyou xiě xìn ne.

小英: 你用汉语写吗?[6]

Nǐ yòng Hànyǔ xiě ma?

仁泽: 不，用韩语写。

Bù, yòng Hányǔ xiě.

🔊 会话1 〔生词 shēngcí〕 ─────────────

要 yào 동 조동 하려고 하다, 필요하다　　图书馆 túshūguǎn 명 도서관

去 qù 동 가다　　借 jiè 동 빌리다

🔊 会话2 〔生词 shēngcí〕 ─────────────

暑假 shǔjià 명 여름방학　　旅行 lǚxíng 동 여행하다

打算 dǎsuàn 동 명 …계획하다, 계획　　坐 zuò 동 앉다, 탑승하다

上海 Shànghǎi 고 상하이　　火车 huǒchē 명 기차

🔊 会话3 〔生词 shēngcí〕 ─────────────

给 gěi 전 동 …에게, …위해서, 주다　　信 xìn 명 동 편지, 믿다

写 xiě 동 쓰다　　用 yòng 동 전 사용하다, …로

6　"用+N₁+V₂+N₂"형식의 연동문이다.

📖 **补充生词 bǔchōngshēngcí** ——————————————

留学 liúxué 동 유학가다

参观 cānguān 동 견학하다

出差 chūchāi 동 출장가다

开会 kāihuì 동 회의를 열다

书店 shūdiàn 명 서점

买 mǎi 동 사다

商场 shāngchǎng 명 대형마트, 백화점

衣服 yīfu 명 옷

银行 yínháng 명 은행

换钱 huànqián 동 환전하다

公共汽车 gōnggòngqìchē 명 버스

出租车 chūzūchē 명 택시

地铁 dìtiě 명 지하철

飞机 fēijī 명 비행기

怎么 zěnme 대 어떻게, 어째서, 왜

说 shuō 동 말하다

📖 **课后练习 kèhòuliànxí** ——————————————

01. 대체연습

A: 你去上海做什么?

B: 我去上海旅行。　　　　　　　留学／出差／参观／开会

A: 你要去哪儿?

B: 我要去图书馆。　　　　　　　书店／商场／银行／食堂

A: 你去图书馆做什么?

B: 我去图书馆借书。　　　　　买书／买衣服／换钱／吃饭

A: 你怎么去?

B: 我坐火车去。　　　　　　　公共汽车／出租车／地铁／飞机

A: 你在做什么呢?

B: 我在写信呢。　　　　　　　休息／上课／吃饭／学习汉语

02. 다음 병음으로 되어있는 문자들을 소리내어 읽어보고 간체자로 적어보고 해석하세요.

　　(1) Yòng Hànyǔ zěnme shuō?

　　　　→ _____

　　　　→ _____

　　(2) Yòng Hànyǔ zěnme xiě?

　　　　→ _____

　　　　→ _____

03. 다음 단어를 조합하여 문장을 만들어 보세요.

　　(1) 你／做／银行／去／什么　　　→ _____

　　(2) 中国／我／旅行／去　　　　　→ _____

　　(3) 飞机／他／坐／北京／去　　　→ _____

　　(4) 我／用／汉语／信／写／不　　→ _____

(5) 你／做／呢／在／什么　　　　　→ _____

(6) 我／在／学习／呢／宿舍／汉语　→ _____

中국을 알자／중국의 명시

静 夜 思 정야사
jìng yè sī
한밤에 시름겨워

李白 이백

床 前 明 月 光 상전명월광
chuáng qián míng yuè guāng
잠자리 찾아온 달빛을 보노라니

疑 是 地 上 霜 의시지상상
yí shì dì shàng shuāng
땅 위에 서리가 내린 것 같네

擧 頭 望 明 月 거두망명월
jǔ tóu wàng míng yuè
고개 들어 산 위 달 쳐다보다가

低 頭 思 故 鄕 저두사고향
dī tóu sī gù xiāng
문득 고향 생각나 고개 떨구네

부록

□ 본문 해석

본문 해석

01 선생님, 안녕하세요!

회화1>

선생님 : 안녕하세요!

소영 : 선생님, 안녕하세요!

회화2>

소영 : 감사합니다!

선생님 : 천만에요.

회화3>

소영 : 죄송합니다.

선생님 : 괜찮습니다.

회화4>

소영 : 안녕히 계세요(가세요)!

선생님 : 안녕히 계세요(가세요)!

02 잘 지내세요?

회화1>

소영 : 잘 지내세요?

선생님 : 나는 잘 지내요, 당신은요?!

소영 : 저도 잘 지내요.

선생님 : 당신 아버지, 어머니도 모두 안녕하시죠?

소영 : 고맙습니다. 그분들도 모두 잘 지내요.

회화2>

소영 : 요즘 바쁘세요?

선생님 : 매우 바빠요. 당신은요?

소영 : 저는 바쁘지 않습니다.

선생님 : 당신 언니(누나)도 바쁘세요?

소영 : 그녀도 바쁘지 않습니다.

03 성함이 어떻게 되세요?

회화1>

소영 : 성이 무엇입니까?

선생님 : 저는 왕씨고 왕명이라고 합니다.

선생님 : 이름이 어떻게 되나요?

소영 : 제 이름은 이소영입니다.

회화2>

선생님 : 당신 부모님의 연세가 어떻게 되세요?

소영 : 아버지는 60세이시고, 어머니는 57세입니다.

선생님 : 당신은 몇 살 이예요?

소영 : 저는 올해 20살입니다.

04 당신은 어느 나라 사람입니까?

회화1>

소영 : 당신은 어느 나라 사람입니까?

영일 : 저는 한국 사람입니다.

소영 : 당신 룸메이트도 한국 사람 입니까?

영일 : 그는 한국 사람이 아니고, 일본 사람입니다.

회화2>

소영 : 이것은 무슨 책입니까?

인택 : 이것은 중국어 책입니다.

소영 : 저것도 중국어 책입니까?

인택 : 아니요, 저것은 영어책입니다.

회화3>

소영 : 이 사람은 제 중국 친구이고 이명이라고 해요.

인택 : 당신을 알게되어 반가워요, 한국어를 아세요?

이명 : 조금 알아요.

05 이것은 누구의 휴대폰입니까?

회화1>

소영 : 이것은 누구의 휴대폰입니까?

인택 : 이것은 제 휴대폰 이예요.

소영 : 저 컴퓨터도 당신의 것입니까?

인택 : 제 것이 아니고 학교 컴퓨터예요.

회화2>

선생님 : 당신은 어느 학교 학생이예요?

인택 : 저는 북경대학의 학생입니다.

선생님 : 당신은 무슨 과예요?

인택 : 저는 중문과입니다.

회화3>

소영 : 그녀는 너의 여자 친구죠?

인택 : 아니요, 제 사촌 여동생이예요.

소영 : 그녀도 중문과예요?

인택 : 아니요. 그녀는 역사과예요.

06 오늘은 몇 월 며칠입니까?

회화1>

소영 : 오늘은 몇 월 며칠인가요?

인택 : 오늘은 8월 23일입니다.

소영 : 무슨 요일이지요?

인택 : 목요일입니다.

소영 : 내일 당신 생일이지요?

인택 : 제 생일은 모레예요. 8월 24일이죠.

회화2>

소영 : 지금 몇 시죠?

인택 : 지금은 두 시 반입니다.

소영 : 우리 몇 시에 만나나요?

인택 : 3시 어때요?

소영 : 좋아요. 3시에 교문 앞에서 당신을 기
　　　다릴게요.

회화3>

소영 : 당신은 매일 저녁 몇 시에 자나요?

인택 : 12시쯤에 자요.

소영 : 그러면 아침에는 몇 시에 일어나요?

인택 : 대략 7시쯤이요.

소영 : 매일 아침을 먹나요?

인택 : 꼭 먹는 건 아니예요. 먹을 때도 있고,
　　　안 먹을 때도 있어요.

07 당신 가족은 몇 명입니까?

회화1>

소영 : 집 식구가 어떻게 돼요?

인택 : 우리 집은 다섯 식구에요.

소영 : 모두 누가 있는데요?

인택 : 아버지, 어머니, 누나, 형과 제가 있어
　　　요.

인택 : 당신은 형제자매가 몇 명 있나요?

소영 : 저는 여동생 한 명이 있어요.

회화2>

소영 : 당신 아버지는 무슨 일을 하세요?

인택 : 제 아버지는 의사이십니다.

소영 : 당신 형도 직장을 다니세요?

인택 : 그는 직장에 다니지 않고 현재 대학을
　　　다녀요.

소영 : 그는 여자 친구가 있어요?

인택 : 없어요.

회화3>

소영 : 당신 누나는 결혼 했어요?

인택 : 결혼 했어요.

소영 : 그녀는 애기가 있어요?

인택 : 남자애 하나, 여자애 하나 있어요.

소영 : 모두 몇 살 이예요?

인택 : 첫째는 8살, 둘째는 5살이예요.

08 실례지만, 주위에 우체국이 있습니까?

회화1>

소영 : 실례하지만, 주위에 우체국 있나요?

행인 : 있어요.

소영 : 어디에 있나요?

행인 : 바로 앞에 있어요.

회화2>

소영 : 실례하지만, 은행은 어디에 있나요?

행인 : 도서관 옆에 있어요.

소영 : 도서관 부근에 식당이 있나요?

행인 : 있어요. 도서관 바로 맞은편에 있어요.

회화3>

소영 : 실례합니다. 유학생 기숙사가 어디 있
　　　 나요?

행인 : 죄송합니다, 저도 잘 몰라요.

09 무엇을 드실래요?

회화1>

인택 : 무엇을 드실래요?

소영 : 저는 밥을 먹을게요.

소영 : 당신도 밥을 먹을래요?

인택 : 저는 밥을 안 먹고 국수를 먹을래요.

회화2>

소영 : 당신은 무엇을 마실래요?

인택 : 저는 커피를 마실래요.

인택 : 당신 콜라 마실래요?

소영 : 저는 콜라 안 마시고 쥬스 마실래요.

10 당신은 무엇을 사실 건가요?

회화1>

상인 : 당신은 무엇을 살 건가요?

소영 : 사과 한 근에 얼마예요?

상인 : 한 근에 3위안 이예요. 얼마 필요해요?

소영 : 단가요?

상인 : 맛보세요.

소영 : 괜찮군요. 3근주세요.

상인 : 다른 거 더 필요한 거 있나요?

소영 : 필요 없어요.

회화2>

소영 : 이 신발 얼마예요?

상인 : 300위안입니다.

소영 : 너무 비싸요. 좀 깍아주세요.

상인 : 280위안에 드릴게요.

상인 : 몇 호 신으세요?

소영 : 37호요. 제가 한번 신어봐도 될
까요?

회화3>

소영 : 이 옷 얼마예요?

상인 : 350위안입니다.

소영 : 이 옷은 조금 작아요. 좀 더 큰 것 있나
　　　 요?

상인 : 이거 입어보세요.

소영 : 좋아요. 이걸 사겠어요. 여기 돈있어요.

상인 : 400위안 받았으니 50위안 거슬러 드릴게요.

11 어디에서 중국어를 배웁니까?

회화1>

소영 : 당신은 어디서 중국어를 배우세요?

인택 : 저는 북경어언대학에서 중국어를 배워요.

소영 : 당신들 반에는 유학생이 몇 명 있어요?

인택 : 저희 반에는 유학생이 23명 있어요.

회화2>

소영 : 당신은 어디 사세요?

인택 : 저는 유학생 기숙사에 살아요.

소영 : 몇 층에 살아요?

인택 : 삼층에 살아요.

소영 : 당신의 방 번호가 몇 호예요?

인택 : 제 방 번호는 319호입니다.

회화3>

소영 : 당신은 어디서 아르바이트하세요?

인택 : 저는 커피숍에서 일해요.

소영 : 당신은 주말에 뭐하세요?

인택 : 저는 주말에 보통 기숙사에서 쉬어요.

12 당신의 성적은 어때요?

회화1>

소영 : 당신 아버지 건강은 어떠세요?

선생님 : 아버지는 매우 건강하십니다.

소영 : 그분은 일이 바쁘세요?

선생님 : 별로 바쁘지 않습니다.

회화2>

선생님 : 당신은 공부 열심히 하세요?

소영 : 저는 비교적 열심히 공부합니다.

선생님 : 당신 성적은 어때요?

소영 : 그런대로 괜찮습니다.

13 실례하지만, 한국대사관에 어떻게 갑니까?

회화1>

인택 : 실례합니다. 한국 대사관 어떻게 가나요?

행인 : 곧장 앞으로 가세요.

인택 : 여기서 먼가요?

행인 : 멀지 않아요. 걸어서 10분이면 도착합니다.

회화2>

인택 : 실례합니다. 신화서점은 여기서 어떻게 가나요?

행인 : 먼저 앞으로 가서 사거리에서 왼쪽으로 가세요.

인택 : 길의 왼쪽에서요, 아니면 오른쪽에서
　　　요?

행인 : 오른쪽에서요.

회화3>

인택 : 실례합니다. 천안문 가려면 몇 번 버스
　　　를 타야하나요?

행인 : 802번 버스를 타면 됩니다.

인택 : 갈아타야 하나요?

행인 : 아니요.

인택 : 몇 정거장을 가야하나요?

행인 : 세정거장이요.

14 여보세요, 왕 선생님 집에 계십니까?

회화1>

소영 : 여보세요, 왕 선생님 계십니까?

보모 : 계세요. 누구시죠?

소영 : 저는 왕 선생님 학생인 유소영이라고
　　　합니다.

보모 : 잠시만 기다리세요.

회화2>

소영 : 여보세요, 김선생님 계신가요?

동료 : 안계세요, 외출하셨어요.

소영 : 김선생님은 언제 돌아오시나요?

동료 : 그건 저도 잘 모르겠어요. 핸드폰으로
　　　걸어보시겠어요?

소영 : 왕 선생님 핸드폰 번호가 몇 번이죠?

동료 : 138-4431-8058입니다.

회화3>

소영 : 어제 당신 김민조에게 전화 걸었지요?

룸메이트 : 걸었어요. 하지만 통화는 하지 못
　　　　　했어요. 핸드폰이 계속 통화중이
　　　　　었거든요.

소영 : 다시 걸어보지 않았어요?

룸메이트 : 오늘도 걸어보았지만 그녀는 받지
　　　　　않았어요.

소영 : 그녀의 기숙사로 걸어보면 되요.

룸메이트 : 저는 그녀의 기숙사 전화번호를
　　　　　몰라요.

15 도서관에 책 빌리러 가려고 합니다.

회화1>

소영 : 당신은 어디가세요?

인택 : 저는 도서관에 가려고 해요.

소영 : 당신은 도서관에 가서 뭐하시려구요?

인택 : 저는 책 빌리러 도서관에 가요.

회화2>

소영 : 주말에 당신은 뭐 하실 건가요?

인택 : 저는 상해로 여행 가려고 해요.

소영 : 뭐 타고 가실 계획인가요?

인택 : 기차 타고 가려고 해요.

회화3>

소영 : 당신은 뭐하고 있나요?

인택 : 저는 친구에게 편지 쓰고 있어요.

소영 : 당신은 중국어로 쓰나요?

인택 : 아니요, 한국어로 써요.

김정필

경상국립대학교 중어중문학과 교수
부산대 중어중문학과를 졸업하고, 국립대만정치대 석사를 거쳐 경북대에서 박사학위를 취득하였다. 중국어 어법이론을 전공하였으며, 주로 중국어 의미론과 문화적 표현양상에 관해 연구하고 있다. 대표 저서로는 『뉴스타트 캠퍼스 중국어 1, 2』(공저), 『중국의 언어와 문화』가 있고, 주요 연구논문으로는 「문두 성분의 주관성 분석과 화제화, 화제연구의 새로운 방법론 탐색」, 「중국어 심리동사의 양면성」, 「주관성 표현의 형식에 관한 연구」, 「중국어 능원동사의 인지과정분석」 등이 있다.

최중식

경상국립대학교 중어중문학과 강사
경북대 중어중문학과를 졸업하고 동대학원에서 석박사학위를 취득하였다. 대구상공회의소, 인천경제 자유구역청, 동부산대학교 한중비즈니스과 교수로 근무하였다. 중국어 어법이론을 전공하였으며 주로 중국어 어휘의 발전현황과 한·중 어휘 대비에 관련된 연구를 하고 있다. 주요 연구논문으로는 「現代中國語 否定型 縮略語 特徵 考察」, 「한중 비교표현의 대응관계 연구」, 「同素反序詞辨析」, 「鳩摩羅什佛經譯品複合詞分析研究」, 「한국인의 중국어 사용오류경향에 대한 고찰」 등이 있다.

개정판
쉽게 배우는 기초중국어

초　판 1쇄 발행 2020년 2월 24일
개정판 1쇄 발행 2021년 8월 30일
개정판 2쇄 발행 2023년 9월 25일

지 은 이　　김정필 최중식
펴 낸 이　　이대현

책임편집　이태곤
편　　집　　권분옥 임애정 강윤경
디 자 인　　안혜진 최선주 이경진
기획/마케팅 박태훈

펴 낸 곳　　도서출판 역락
주　　소　　서울시 서초구 동광로46길 6-6 문창빌딩 2층(우06589)
전　　화　　02-3409-2055(대표), 2058(영업), 2060(편집) FAX 02-3409-2059
이 메 일　　youkrack@hanmail.net
홈페이지　　www.youkrackbooks.com
등　　록　　1999년 4월 19일 제303-2002-000014호

ISBN 979-11-6742-194-4　93720